ANJA ROMANISZYN
@byanjushka

# EINFACH SCHNELL vegan

#FOODIE

# Inhalt

# Vorwort

Auch wenn ich lange und gemütliche Kochabende oder Backtage total genieße, sieht mein Alltag oft anders aus. Das Leben ist im ständigen Wandel, mal gibt es bestimmt auch bei dir entspanntere Zeiten, mal stressigere. Bei mir häuften sich in den letzten Monaten die Veränderungen! Manchmal hatte ich einfach anderes im Kopf als die nächste Mahlzeit. Und wer kann schon wirklich jeden Tag ausgiebig in der Küche stehen?

Meine Rezepte in *Einfach Schnell Vegan* bieten dir deshalb einfache, gelingsichere Gerichte, die schmackhaft, fix zubereitet und alles andere als langweilig sind. Einige sind vegane Variationen von Klassikern, alle bereite ich regelmäßig für mich zu; sie begeistern mich immer wieder. Sie sollen auch dein Leben ein bisschen einfacher machen – zumindest in der Küche! Und mit der eingesparten Zeit lässt sich der nächste Kochabend doch gleich schon entspannter angehen.

Mir war es wichtig, nicht zu viele und dafür leicht erhältliche Zutaten zu verwenden, die auch Menschen, die wie ich in einer Kleinstadt wohnen, aufstöbern können. Mit Sicherheit hast du schon viele davon vorrätig und musst nicht extra einkaufen gehen (lies dir am besten die Vorratsliste (Seite 14) durch, bevor du startest).

Mit diesen Rezepten gelingt dir auch mit wenigen Kochkenntnissen etwas Köstliches, ganz einfach und vegan. Und bei den jeweiligen Rezepten finden sich immer wieder Tipps von mir, wie du die Gerichte kreativ und nach deinem Geschmack variieren kannst.

Dieses Kochbuch wird hoffentlich dein Alltagsbegleiter. Ich wünsche dir viel Freude beim Durchblättern und Ausprobieren der Rezepte und bin gespannt, welche Rezepte du zuerst zubereiten wirst.

Natürlich will ich unbedingt Teil deiner Kocherlebnisse sein – ich freue mich also über ein Foto von deinem fertigen Teller, teile es auf Instagram unter **#EinfachSchnellVegan** und markiere mich (**@byanjushka**). Lass uns gemeinsam zeigen, wie unkompliziert und genial lecker veganes Essen funktionieren kann!

Deine Anja

# Die schnelle Küche in meinem Leben

2021 habe ich mein erstes Kochbuch (*Einfach Glücklich Vegan*) veröffentlicht. In der Zeit danach hat sich für mich sehr viel verändert: Nach meinem Masterabschluss bin ich innerhalb weniger Wochen umgezogen und musste einige Zeit komplett ohne Küche auskommen, ich habe meinen Blog ausgebaut und Anfang 2022 einen Welpen adoptiert, der mich seither auf Trab hält. Nach dem Studium habe ich auf mein Herz gehört und mich auf meine Selbstständigkeit konzentriert. Alles, was ich mir über mein Leben so vorgestellt hatte, habe ich also über Bord geworfen.

Besonders in dieser Phase, als alles (fast täglich neu) auf mich einprasselte, waren die Tage viel zu kurz. Zwar reichte mir die Zeit, alles am Laufen zu halten, doch ich selbst blieb auf der Strecke. Und ich denke, dass wir alle so eine Phase kennen und schon erlebt haben. Allerdings sollten wir nie vergessen, auch in solchen Zeiten auf uns selbst achtzugeben, und dabei spielt unsere Ernährung natürlich eine grundlegende Rolle.

Also habe ich angefangen, einfache und unkomplizierte Rezepte auf Instagram und auf meinem Blog zu teilen. Die Gerichte entstanden meist ganz spontan, je nachdem, was ich aktuell an Zutaten zu Hause hatte, was ich in der mir zur Verfügung stehenden Zeit vorbereiten konnte oder worauf ich gerade Lust hatte. Euer Feedback war glücklicherweise ganz klar: mehr davon!

Essen soll für mich einfach und schmackhaft sein, sich dabei gut anfühlen – für Körper und Seele. Und das gelingt auch mit schnellen Gerichten und an furchtbar vollgepackten Tagen, glaub mir.

»Wir sollten nie vergessen, gut auf uns achtzugeben«

Bestimmt geht es dir auch manchmal wie mir – in hektischen Zeiten köchelt die Vorbereitung von Mahlzeiten auf Sparflamme. Wenn du also keine Zeit zum Einkaufen hattest, zu müde bist, um dir überhaupt darüber Gedanken zu machen, was du spätabends noch essen kannst, wenn dir Inspiration oder Kreativität fehlt – kein Problem! Meine Rezepte streuen dir hoffentlich viele Ideen auf den Teller, sodass du dir immer, und ganz besonders an stressigen Tagen, etwas herrlich Köstliches zubereiten kannst.

# Warum eigentlich vegan?

Es hat mir noch nie so viel Spaß gemacht, mich vegan zu ernähren, wie heute. Die Auswahl an veganen Produkten ist enorm gestiegen, das Einkaufen gelingt mir nun fast intuitiv. Ich ernähre mich abwechslungsreich und lerne gleichzeitig immer wieder neue, regionale und saisonale Lebensmittel kennen. Durch die vegane Ernährung habe ich mich auch mit unserer Ernährung im Allgemeinen auseinandergesetzt: Was braucht mein Körper unbedingt? Was tut mir gut?

Ich kann definitiv sagen, dass ich mich wohlfühle mit meiner Ernährungsweise. Ich bin gesund und glücklich damit, und deswegen ist dieser Weg auch weiterhin genau der richtige für mich.

Jedoch gibt es auch viele andere Gründe, sich vegan zu ernähren. Für mich sind auch andere Aspekte dieser Lebenshaltung, insbesondere Nachhaltigkeit, im Laufe der Zeit wichtiger geworden. Ich gebe jedoch offen zu, dass ich mich noch viel ausprobiere. Ich bin kein perfektes Beispiel, sondern konzentriere ich mich auf meine Entscheidungen. Wenn meine Lebensweise auch dich inspiriert oder zum Umdenken anregt, dann freue ich mich, aber dies sollte immer mit ganz viel Spaß und Motivationen aus dir selbst heraus passieren, und nicht, weil du dich dazu gedrängt fühlst.

## Tierwohl & Umwelt

Eine vegane Ernährung trägt zum Schutz der Tiere bei, denn für den Verzehr von Fleisch und Fischen und auch für andere Produkte tierischen Ursprungs muss immer ein Lebewesen getötet werden. Unsere Weltbevölkerung wächst und wächst – damit gibt es auch immer mehr Fleischliebhaber. Für diesen Bedarf gibt es Massentierhaltung, deren Bedingungen leider sehr weit weg davon sind, wie Tiere in der Natur leben würden. Während die meisten Nutztiere in freier Wildbahn täglich mehrere Kilometer zurücklegen würden, müssen sie in Massentierhaltung ihr Leben auf sehr wenig Platz verbringen. Die Tiere können nur wenig soziale Kontakte zu anderen Tieren ihrer Gattung aufbauen, und um Milch und Eier erwirtschaften zu können, werden Kälbchen oder Küken direkt nach der Geburt separat aufgezogen, ohne dass sie den natürlichen Bezug zum Muttertier herstellen können.

Nutztiere sind (in der heute von uns gezüchteten Masse) für einen sehr großen Teil der Treibhausgasemissionen verantwortlich, da sie Methangas ausstoßen. Und gefüttert werden Kuh und Rind zu einem großen Teil mit Sojaprodukten, die auf den Flächen des ehemaligen Regenwaldes angebaut werden.

Durch eine vegane Ernährung können all diese Aspekte vermieden werden, und wir können außerdem einen Beitrag zu mehr Nachhaltigkeit leisten.

## Gesundheit

Für viele Menschen beinhaltet vegane Ernährung auch einen gesundheitlichen Aspekt. Sie fühlen sich durch den Verzicht auf tierische Produkte fitter und leistungsfähiger, sodass sich mittlerweile auch viele Hochleistungssportler ausschließlich vegan ernähren, so z. B.

auch der stärkste Mensch Deutschlands (2011) – Patrik Baboumian! Die gesundheitlichen Vorteile werden vor allem auf die Gesundheit der Gefäße zurückgeführt, auf die ein erhöhter Konsum von Fleisch und Milchprodukten einen negativen Effekt haben kann.

Bei einer veganen Ernährung solltest du auf jeden Fall die gesamte Bandbreite der Natur an Obst, Gemüse und weiteren Produkten nutzen. Auch Pommes und Cola sind vegan – aber sicher nicht ideal für eine ausgewogene und gesunde Ernährung!

Wer sich ausschließlich vegan ernährt, sollte Vitamin B12 in Tabletten- oder Tropfenform ergänzen, da dieses Vitamin in pflanzlichen Produkten nicht vorhanden ist. Am besten lässt du dich diesbezüglich von deinem Hausarzt oder deiner Hausärztin beraten, sodass die Dosis individuell eingestellt werden kann.

## Vegan – ein Thema nicht nur bei der Ernährung

Meine vegane Ernährung hat mich dazu gebracht, auch noch über andere Aspekte in meinem Alltag nachzudenken, dies betrifft besonders die Bereiche Kleidung oder auch, bedingt durch meinen kürzlichen Umzug, Einrichtungsgegenstände. Schuhe oder auch Taschen werden oftmals aus Leder von Tieren gemacht – ich suche möglichst nach veganen Alternativen, und es lohnt sich! Heute gibt es von immer mehr Herstellern Taschen oder Schuhe aus »veganem Leder« (Pflanzenfasern) und ohne Knochenleim.

Genauso ist es auch in dem Bereich Kosmetik. Heute gibt es glücklicherweise ausreichend Produkte, deren Inhaltsstoffe komplett vegan sind und die auch auf jegliche Tierversuche während des Herstellungsprozesses verzichten. Zum Beispiel zeichnet PETA regelmäßig diese Produkte aus, die sich dem Bereich Nachhaltigkeit und ganz besonders dem Tierwohl verschrieben haben. Nutze solche Listen zur Orientierung.

»Ich betrachte die Bereiche meines Lebens bewusster«

Mit der bewussten Ernährung stelle ich mir nun auch immer bewusster die Frage beim Kauf von Einrichtungsgegenständen und Kleidung: Benötige ich wirklich etwas Neues? Ich versuche, Fast Fashion so wenig wie möglich zu unterstützen, dafür aber die Herstellung von fairer Kleidung. Doch vor allem versuche ich, das Beste aus dem zu machen, was bereits im Kleiderschrank ist, oder im Secondhandshop vorbeizuschauen. Vielleicht geht es dir ja ganz ähnlich wie mir, und du findest dort auch die besten kreativen Teile, die den Alltagstrott verschönern.

# Deshalb ist schnell auch gut

Bevor es richtig losgeht, zwei ganz wichtige Dinge vorab: Schnelle Küche hat in meiner Definition nichts mit Fast Food zu tun, sondern mit cleverer Planung. Und gesunde Ernährung steht bei mir für besonders lecker und definitiv nicht für Verzicht.

## Gesundheit geht vor

Eine gesunde und ausgewogene Ernährung bedeutet, deinem Körper das zu geben, was er für eine gute Funktion aller Körpersysteme braucht. Nur so kannst du dich wohl in deiner Haut und fit fühlen. Gesund bedeutet dementsprechend, zahlreiche frische Zutaten in deine Gerichte einzuplanen, denn diese sind besonders nährstoffreich. Gesunde und ausgewogene Ernährung tut mir gut und schmeckt gleichzeitig, sodass es gar nicht schwerfällt, mit Spaß dabei zu sein.

Diese Art der Ernährung muss nicht kompliziert oder zeitaufwendig sein. Mit meinen Rezepten (samt einer übersichtlichen Zutatenliste) kannst du leckere, gesunde Gerichte zubereiten – vom Frühstück über Mittagessen und Abendessen bis hin zu Desserts für jeden Anlass, und das in 30 Minuten!

## »Keine Zeit« gibt's nicht

Vielleicht hast du einen besonders vollgepackten Alltag mit vielen Terminen, bedingt durch Beruf, Studium oder Familie. Da fällt es jedem schwer, wirklich immer frisch zu kochen, einkaufen zu gehen oder sich etwas Kreatives und Gesundes einfallen zu lassen. Du bist nicht allein – und mit diesem Buch möchte ich dich in deiner Alltagsküche unterstützen. Ich verrate dir schon mal was: »Einfach schnell vegan« zu kochen, ist ein Klacks!

Nicht alle begeistern sich so fürs Kochen und Essen wie ich – das ist klar. Dennoch spielt eine frische und gesunde Ernährung wahrscheinlich eine wichtige Rolle für dich, und du möchtest nicht immer auf Fertigprodukte zurückgreifen, Essen bestellen oder auswärts essen – was ja auch mit höheren Kosten verbunden ist. Und erst der Verpackungsmüll und die $CO_2$-Belastung … das hast du dir sicher auch schon häufiger überlegt.

Außerdem sind Fertigprodukte mit nicht sehr gesunden Zusatzstoffen versehen. Wenn du selbst dein Süppchen kochst, weißt du auch, was du alles hineingeworfen hast … Es lohnt sich also, auch wenn man nicht so der »Kochfan« ist, sich mit dem Thema auseinanderzusetzen. Und billiger als der Lieferservice ist es auch noch.

## Neu in der Küche?

Vielleicht zählst du dich aber auch zum Typ »Kochanfänger« und möchtest nicht gleich in komplizierte Rezepte einsteigen. Mit meiner schnellen veganen Küche kommst du fix und ganz einfach ans Ziel und kannst bald erste Erfolgserlebnisse mit leckeren Gerichten feiern. Das bringt dir ja vielleicht Lust auf mehr – oder zumindest viele Ideen für eine gesunde, abwechslungsreiche und fix zubereitete vegane Alltagsküche.

# Die schnelle Küche – so geht's …

Mir macht es viel Spaß, spontan, flexibel und vor allem intuitiv zu entscheiden, was ich esse. Dennoch ist mir Vorbereitung wichtig. Nichtsdestotrotz: Es gibt keine »schnelle Küche« ohne eine Planung. Dazu zählt auch die Zeit für die Auswahl der Gerichte oder die Zeit zum Einkaufen.

**Für die schnelle Küche im Alltag sind vier Elemente entscheidend:**
1) ein Essensplan für die kommende Woche
2) ein optimierter Lebensmitteleinkauf
3) eine ideale Vorratshaltung mit (so nenne ich sie) Basiszutaten
4) die Vorbereitung von Komponenten

Viele denken bei Begriffen wie »Essensplan« oder »Vorbereitung« an Reglementierung oder Einschränkungen. Im Grunde ist jedoch das Gegenteil der Fall! Probiere also mit mir einfach mal diesen Weg aus und lass auch bei dir die schnelle Küche einziehen.

## Essensplan

Idealerweise wird der Essensplan für 1 Woche im Voraus erstellt. Dafür überlegst du dir konkret, welche Gerichte du im Laufe der nächsten Woche an welchem Tag zubereiten und essen möchtest. Dazu gehört auch die Frage nach den Mengen: Wirst du immer allein essen? Mit deiner Familie? Bekommst du Gäste? All diese Fragen sollten in die Planung einfließen.

Dir fehlen Ideen? Die ideale Inspiration sind natürlich Kochbücher wie dieses ;-)

Ein Essensplan spart im Alltag viel Zeit, denn du musst nicht täglich überlegen, was du essen möchtest und wie du an die benötigten Zutaten kommst. Stattdessen kannst du gleich mit der Zubereitung starten.

»Spontan etwas zu ändern, ist immer drin«

Und sollte dir an einem bestimmten Tag doch nicht der Sinn nach dem ursprünglich geplanten Gericht stehen: Viele der hier im Buch genannten Rezepte lassen sich ganz nach Geschmack oder auch nach vorhandenen Zutaten variieren, sodass es immer möglich ist, spontan etwas zu ändern.

Für mich persönlich ist dies ein wichtiger Aspekt, denn ein ganz strenger Essensplan, in dem jedes Gericht für die Woche unumstößlich ist und der keinen Raum für Variation lässt, würde mir den Spaß an der Sache nehmen. Außerdem hätte ich dann auch nicht mehr die Möglichkeit, achtsam auf die Bedürfnisse meines Körpers zu hören.

**Tipp:** Am besten machst du dir von Anfang an die Mühe und sammelst deine Essenspläne. Denn dann kannst du schon nach kurzer Zeit auf verschiedene Wochenpläne zurückgreifen.

Wie du deine Planung machen sollst, kann ich dir nicht vorschreiben. Nur so viel: Alles ist erlaubt, von traditionell handschriftlich in der Kladde oder digital mit einer App. So sparst du dir in Zukunft viel Zeit!

## Lebensmitteleinkauf

Sobald der Essensplan erstellt ist, kann aus diesem Plan die Einkaufsliste abgeleitet werden. Du weißt nun genau, welche Lebensmittel du in welcher Menge für die folgende Woche benötigst. Der Einkauf gelingt am zeitsparendsten in einem Supermarkt mit einem besonders breiten Sortiment, wo du alle gewünschten Zutaten bekommst. Meine Rezepte sind so gestaltet, dass alle Zutaten in jedem ganz normalen Supermarkt zu finden sind. Du solltest also nicht speziell auf vegane Ernährung ausgerichtete Läden aufsuchen müssen.

**Tipp:** Wenn du die Einkaufsliste gleich nach den entsprechenden Bereichen im Supermarkt ordnest (z. B. Gemüseabteilung, Dosenware, Getränke) kannst du zusätzliche Wege beim Einkauf einsparen: Laufe ganz bequem mit deiner Liste die Gänge nacheinander ab.

## Deine Basiszutaten – immer auf Vorrat

Auch wenn ein Essensplan mit einer ganz konkreten Einkaufsliste einhergeht, brauchst du noch ein paar Vorräte, die dich retten können. Schließlich kann es immer mal passieren, dass du es aufgrund anderer Termine nicht am geplanten Tag in den Supermarkt schaffst. Essen möchtest du aber trotzdem das Geplante (oder zumindest etwas ähnlich Schnelles und doch Schmackhaftes). Früher hast du dann vielleicht schnell beim Lieferservice bestellt – ich zeige dir, wie du das vermeiden kannst.

Basiszutaten sind für mich welche, die lange haltbar sind und mit denen viele Rezepte aus diesem Buch auch ganz spontan umsetzbar sind. Dazu gehören zum Beispiel verschiedene Linsenarten, Tiefkühlgemüse (ohne Sauce) oder Tofu.

Und hier zeigt sich ein weiterer großer Vorteil der veganen Ernährung: Sie ist nicht so abhängig von Verderblichem. Für Fleischgerichte müsste man recht zeitnah einkaufen und kochen – in der veganen Ernährung entfällt das, und so kann der Vorrat im Vergleich zur herkömmlichen Ernährung viel einfacher gestaltet werden.

**Tipp:** Mit länger haltbaren Basiszutaten lassen sich die Aspekte »intuitiv auf den Körper hören« und »Planung« wunderbar miteinander vereinbaren. Denn wenn der Essensplan an einem Tag mal nicht zum aktuellen Appetit passt, kannst du dir einfach mithilfe der Basiszutaten ein anderes passendes Gericht zusammenstellen.

## Vorbereitung

Damit du unter der Woche schnell etwas zubereiten kannst, solltest du bestimmte Dinge vorbereiten, die du dann nur noch hervorholen musst. Obst und Gemüse kannst du gewaschen und in Stücke geschnitten luftdicht verpackt im Kühlschrank mehrere Tage lagern. Natürlich kannst

»Vegane Grundzutaten sind lange haltbar«

du auch Grundzutaten wie Reis oder Kichererbsen vorkochen.

Unter Vorbereitung fällt auch das Thema Vorkochen, oder ganz einfach das Kochen von mehreren Portionen in einem Rutsch. Gerichte wie Eintöpfe, Nudelsaucen oder eine Lasagne kannst du gut vorkochen. So entstehen dann gleich mehrere Mahlzeiten. Und du kannst an einigen Tagen ganz aufs Kochen verzichten. Berücksichtige gleich beim Erstellen deines Essensplans die Tage, an denen du sicher nicht die Zeit fürs Kochen hast. Einfach genial, wenn du dann schon etwas vorgekocht hast!

Ein weiterer großer Vorteil: der Geschmack! Denn wenn ein Eintopf oder eine Lasagne einen Tag lang durchziehen kann, haben auch die Gewürze die Zeit, ihren vollen Geschmack zu entfalten. Oft schmeckt das aufgewärmte Gericht noch sehr viel besser als am ersten Tag.

**Tipp:** Zur Aufbewahrung von z. B. vorbereitetem Obst und Gemüse eignen sich Glasbehälter sehr gut. So behältst du den Überblick und kannst Verderbliches als Erstes aufbrauchen. Außerdem sind Glasbehälter nachhaltiger als Plastikboxen.

# Mein Vorratsschrank

Viele der Rezepte in diesem Buch sind eine Kombination aus Basiszutaten, die ich immer vorrätig habe. Mit ihnen kannst du schnell und einfach eine leckere Mahlzeit oder ein Dessert zubereiten. Dazu gehören zum Beispiel Tomaten, Kokosmilch und Bohnen aus der Dose, eine Auswahl an hochwertigen Gewürzen und Ölen, (Nuss-)Kernen, Reis und Pasta.

In der folgenden Liste findest du die Zutaten, die für eine vegane Vorratsküche besonders geeignet sind. Setze für dich einfach die Produkte ganz oben auf die Liste, die du besonders gern und häufig isst.

## Mehl & Co.

- Mehl (Dinkel- und/oder Weizenmehl sowie Kichererbsenmehl)
- Backpulver (sollte frisch sein, wegen der Triebwirkung)
- Vanillezucker (alternativ Vanilleextrakt)
- Speisestärke
- Puddingpulver
- Paniermehl (fein oder grob ▶ Panko-Paniermehl)
- Kokosflocken (für Desserts oder als Topping)
- Sesam, Sonnenblumen- und Kürbiskerne, Leinsamen
- (Nuss-)Kerne (insbesondere Cashewkerne)
- Linsen (vor allem rote, da diese ganz schnell garen)
- Hefeflocken

## Beilagen

- deine persönlichen Lieblingsnudeln
- Reis
- Couscous
- Grieß
- Haferflocken
- Quinoa

## Konserven

- Kichererbsen
- Kidneybohnen
- schwarze Bohnen
- Mais
- (passierte) Tomaten
- Kokosmilch (vollfett)
- Gemüsefond
- Nussmus (z. B. aus Mandel-, Cashew- oder Erdnusskernen)

## Gewürze, Saucen & Öle

- Paprikaschoten
- getrocknete Kräuter
- Chilipulver, Currypulver
- Kreuzkümmel
- (Meer-)Salz
- Pfeffer
- Gemüsebrühpulver ohne Zuckerzusatz
- Chilisaucen (z. B. Sriracha)
- Olivenöl
- Rapsöl
- Sesamöl
- Kokosöl

- Apfelessig, Reisessig, Aceto balsamico
- Sojasauce oder Tamari
- Currypaste (rot und gelb)
- Senf
- Ajvar, Sambal Oelek
- Kala-Namak-Salz
- Soja- oder Hafer-Cuisine

## Süßungsmittel

- weißer und brauner Zucker
- Puderzucker
- Ahornsirup
- Agavendicksaft
- Kokosblütenzucker

## Gemüse & Obst

- Kartoffeln, Süßkartoffeln und Kürbis (besonders gut haltbar)
- Zwiebeln
- Knoblauch
- Zitronen
- Limetten
- Bananen
- Trockenobst (z. B. Datteln und Aprikosen)

## Für den Kühlschrank

- vegane Margarine
- Natur- und Räuchertofu
- Pflanzendrinks
- veganer Blätter- oder Pizzateig (Fertigprodukt)
- Ersatzprodukte nach Geschmack: vegane Käse-Alternativen, Sojajoghurt, veganes Hack

## Für das Gefrierfach

Fast genauso wichtig wie ein gut sortierter Vorratsschrank, denn Eingefrorenes hält sich meist über mehrere Monate. Bei Obst und Gemüse nach persönlichem Geschmack auswählen!

- Kräuter wie Dill, Petersilie
- Gemüse (ungewürzt und ohne Saucenzusatz) wie Brokkoli, Spinat
- Obst wie Mango, Beeren

# FRÜHSTÜCK, BRUNCH & Snacks

Die Ausrede »keine Zeit fürs Frühstück« ist passé. Hier findest du Rezepte, die am hektischen Morgen schnell gemacht oder am Vortag gut vorzubereiten sind. Bei Overnight-Oats, Kichererbsen-Scramble oder Pfannenmüsli bleibt kein Wunsch offen. Und für einen Brunch am Wochenende schlage ich Apfelpfannkuchen, Baked Oats, Kaiserschmarren oder herzhafte Waffeln vor.

# OVERNIGHT-OATS
## MIT HEIDELBEEREN & MOHN

Overnight-Oats ist die Porridge-Variante, die über Nacht im Kühlschrank steht und morgens sofort bereit zum Genießen ist. Also perfekt, wenn man in der Früh wenig Zeit hat und trotzdem nicht auf ein leckeres und gesundes Frühstück verzichten möchte. Eignet sich auch super für unterwegs oder im Sommer als kalte Alternative zum warmen Porridge.

**Vorbereitungszeit:** 10 Minuten **Zubereitungszeit:** über Nacht ruhen lassen **Portionen:** 1 Portion

**1.** Die Heidelbeeren verlesen, waschen und trocken tupfen. Anschließend mit dem Stabmixer in einem hohen Rührbecher fein pürieren.

**2.** Das Heidelbeermus mit sämtlichen weiteren Zutaten und 100 ml Wasser in einem Einmachglas gründlich verrühren. Dieses verschließen und die Overnight-Oats über Nacht oder für mindestens 3 Stunden in den Kühlschrank stellen.

**3.** Die Overnight-Oats zum Servieren mit frischen Heidelbeeren und Kokosrapseln toppen.

### ZUTATEN

150 g Heidelbeeren

50 g zarte Haferflocken

1 EL Chiasamen

1 EL Mohnsamen

1 EL Nussmus, zum Beispiel Cashewmus

1 EL Agavendicksaft

150 ml Kokosmilch oder anderer veganer Drink

**Toppings:**

Heidelbeeren

Kokosraspel

**TIPP:** Wenn die Haferflocken über Nacht zu fest werden, einfach etwas Pflanzendrink vor dem Servieren einrühren.

# KICHERERBSEN-SCRAMBLE
## MIT SPINAT

Startest du gern herzhaft in den Tag? Dann probiere mal diesen Kichererbsen-Scramble aus. Die »wie Rührei gerührten« Kichererbsen mit Spinat sind würzig und saftig. Durch das Kala-Namak-Salz erinnert es geschmacklich tatsächlich an Rührei. Besonders gut auf einer Scheibe Brot oder Toast!

**Vorbereitungszeit:** 5 Minuten **Zubereitungszeit:** 15 Minuten **Portionen:** 2 Portionen

**1.** Die Schalotte und die Knoblauchzehen schälen, beides klein schneiden. Die Kichererbsen in ein Sieb abgießen, kalt abbrausen und abtropfen lassen, anschließend grob zerstampfen. Den Blattspinat verlesen, waschen und trocken schleudern.

**2.** Öl in einer Pfanne erhitzen. Schalotte und Knoblauch darin 2–3 Minuten braten. Kichererbsen einrühren und alles mit Salz, Pfeffer, Paprika- und Kurkumapulver abschmecken. Gemeinsam etwa 5 Minuten braten. Dabei gelegentlich umrühren.

**3.** Spinat unterheben und in etwa 2 Minuten in sich zusammenfallen lassen.

**4.** Hefeflocken, Schnittlauchröllchen und Joghurtalternative einrühren, alles mit Kala-Namak-Salz abschmecken. Kurz köcheln lassen und nach Belieben auf Brot servieren.

### ZUTATEN

1 Schalotte

2 Knoblauchzehen

1 Glas Kichererbsen (265 g Abtropfgewicht)

100 g Blattspinat

1 EL Olivenöl

½ TL Salz

½ TL Pfeffer aus der Mühle

½ TL Paprikapulver edelsüß

½ TL Kurkumapulver

2 EL Hefeflocken

1 EL Schnittlauchröllchen

2 EL vegane Joghurtalternative

⅓ TL Kala-Namak-Salz

Die Apfelscheiben können auch direkt unter den Teig gehoben werden.

# APFELPFANNKUCHEN
## MIT VANILLE-ZIMT-SAUCE

Apfelpfannkuchen schmecken für mich nach Kindheit. Ob als spätes Sonntagsfrühstück, süßes Mittagessen oder Dessert – diese Pfannkuchen mit karamellisierten Äpfeln sind perfekt. Sie sind saftig, schmecken nach Zimt und sind innerhalb von 30 Minuten fertig. Am liebsten esse ich sie mit Puderzucker, Apfelmus oder einer selbst gemachten Vanille-Zimt-Sauce.

**Vorbereitungszeit:** 10 Minuten **Zubereitungszeit:** 20 Minuten **Portionen:** 4 kleine Pfannkuchen

**1.** Für die Sauce Cashewkerne in kochend heißem Wasser 10 Minuten einweichen. Für den Teig Margarine in der Mikrowelle schmelzen.

**2.** Mehl, Backpulver, Zucker, Zimt, Vanillezucker und Salz in einer Schüssel verrühren. Mit Margarine, Pflanzendrink und Sprudelwasser zu einem Teig verrühren. Diesen 5 Minuten stehen lassen.

**3.** Apfel schälen, vom Kerngehäuse befreien und in dünne Scheiben schneiden.

**4.** Öl in einer Pfanne erhitzen. Etwa 1 Schöpflöffel Teig pro Pfannkuchen in die Pfanne gießen. Ein paar Apfelscheiben auf der Teigmasse in der Pfanne verteilen, nach Belieben mit etwas Zucker bestreuen. Pfannkuchen in etwa 3 Minuten goldbraun backen, dann wenden und weitere 3–4 Minuten braten. So den gesamten Teig ausbacken. Je nach Größe der Pfannkuchen (und der Pfanne) können auch mehrere Pfannkuchen gleichzeitig gebacken werden.

**5.** Zwischendurch Cashewkerne abgießen und mit den restlichen Zutaten zu einer cremigen Sauce mit dem Stabmixer in einem hohen Rührbecher fein pürieren.

**6.** Pfannkuchen mit Puderzucker bestäuben und mit der Sauce servieren.

### ZUTATEN

1 EL Margarine
100 g Mehl
1 TL Backpulver
1 EL Zucker
1 TL Zimtpulver
½ Pck. Vanillezucker
1 Prise Salz
100 ml veganer Drink
50 ml Sprudelwasser
1 Apfel
2 EL Öl

**Vanille-Zimt-Sauce:**

70 g Cashewkerne
70 ml veganer Drink
15 ml Agavendicksaft
1 TL Vanillezucker
1 TL Zimtpulver

**Außerdem:**

Rohrohrzucker (optional)
Puderzucker

# MÖHREN-BAKED-OATS
## MIT SCHOKOLADE

Hinter »Baked Oats« verbergen sich gebackene Haferflocken. Für mich ähneln sie einem leckeren, gesunden und schnellen Frühstückskuchen. Ich mag die gebackene Porridge-Variante zum Frühstück oder als Dessert. Gern gebe ich noch Gemüse, beispielsweise geraspelte Möhren und 1 Prise Zimt dazu. Bei der Zubereitung kannst du zwischen Backofen oder Mikrowelle wählen.

**Vorbereitungszeit:** 10 Minuten **Zubereitungszeit:** 15 Minuten **Portionen:** 1 Portion

**1.** Eine ofenfeste (oder mikrowellengeeignete) Form leicht einfetten.

**2.** Haferflocken, gemahlene Mandeln, Backpulver, Zimt, Vanillezucker, Banane, Pflanzendrink, Nussmus und Ahornsirup in einem Mixer zu einer Teigmasse verarbeiten. Möhre schälen und fein reiben. Gemeinsam mit den Schokoladen-Drops unter den Teig heben.

**3. Zubereitung im Ofen:** Im vorgeheizten Backofen bei 180 °C Ober-/Unterhitze 15–18 Minuten backen.

**3. Zubereitung in der Mikrowelle:** Etwa 3 Minuten bei 800 Watt backen. Am besten in kurzen Intervallen, damit die Masse nicht aus dem Gefäß quillt.

**4.** Herausnehmen, kurz abkühlen lassen und servieren.

### ZUTATEN

60 g Haferflocken
1 EL gemahlene Mandeln
½ TL Backpulver
½ TL Zimtpulver
1 TL Vanillezucker
60 g Banane
80 ml veganer Drink
1 EL Nussmus (z. B. Cashew- oder Mandelmus)
1 EL Ahornsirup
1 kleine Möhre
30 g Schokoladen-Drops (optional)

**Außerdem:**

Öl für die Form

# PFANNEN-KNUSPERMÜSLI
## MIT FRISCHEN BEEREN

Mit diesem Rezept kannst du dir in kurzer Zeit dein eigenes Granola aus der Pfanne zaubern. Schmeckt super, und du weißt, was drin ist. Variieren kannst du mit Aromaten wie Zimt, Kakao, Tonkabohne oder Bio-Orangenschale. Vor dem Servieren kannst du noch Cranberrys oder Kokosraspel und Schoko-Drops untermischen.

**Zubereitungszeit:** 10 Minuten **Portionen:** 1 Portion (300 g)

**1.** Haferflocken, Nusskerne und Kerne in einer Pfanne ohne Fett bei mittlerer bis hoher Temperatur 3–5 Minuten anrösten. Dabei häufig umrühren.

**2.** Die Temperatur auf mittlere Hitze reduzieren, Kokosöl zum Pfanneninhalt hinzufügen und alles gründlich miteinander vermengen. Ahornsirup und Vanillezucker hinzufügen, alles unter Rühren weitere 30–60 Sekunden anbraten.

**3.** Die Knuspermasse auf einem Stück Backpapier verteilen und abkühlen lassen.

**4.** Sie schmeckt beispielsweise sehr gut mit veganem Joghurt und frischen Beeren.

**ZUTATEN**

150 g kernige Haferflocken
50 g gehackte (Nuss-)Kerne
25 g Kürbiskerne
25 g Sonnenblumenkerne
50 ml Kokosöl
2 EL Ahornsirup
2 Pck. Vanillezucker

**Außerdem:**

vegane Joghurtalternative (optional)
frische Beeren (optional)

# HERZHAFTE WAFFELN
## MIT KRÄUTER-DIP

Warum das Waffeleisen nicht auch mal für die herzhafte Variante benutzen? Diese Kartoffel-Möhren-Kreationen schmecken so, wie gute Waffeln eben schmecken sollten: innen fluffig weich und außen schön knusprig. Die Waffeln sind perfekt zum Brunch und mit Dip besonders schmackhaft.

**Vorbereitungszeit:** 10 Minuten **Zubereitungszeit:** 15 Minuten **Portionen:** 4 Waffeln

1. Leinsamen zum Binden 10 Minuten in 3 EL Wasser quellen lassen.

2. Währenddessen Kartoffeln, Möhre und Zwiebel schälen, fein reiben und in einem Geschirrtuch eindrehen, fest ausdrücken.

3. Das Gemüse mit den restlichen Zutaten für den Teig und dem Leinsamen-Ei vermengen.

4. Das Waffeleisen mit Öl einfetten. Etwa 2 gehäufte EL Waffelmasse pro Stück in etwa 5 Minuten goldbraun im Waffeleisen ausbacken. Zwischendurch das Fruchtfleisch der Avocado in kleine Würfel schneiden.

5. Für den Dip sämtliche Zutaten gemeinsam mit dem Stabmixer in einem hohen Rührbecher fein und cremig pürieren.

6. Die Waffeln warm mit Dip, Avocadowürfeln und Schnittlauchröllchen zum Toppen servieren.

### ZUTATEN

**Leinsamen zum Binden:**

1 EL geschrotete Leinsamen

**Waffelteig:**

400 g mehligkochende Kartoffeln

1 Möhre

1 Zwiebel

75 g Kichererbsenmehl (oder anderes Mehl)

2 TL Backpulver

2 EL Schnittlauchröllchen

½ TL Salz

1 TL Paprikapulver edelsüß

Pfeffer nach Geschmack

1 EL Öl fürs Waffeleisen

**Kräuter-Dip:**

150 g vegane Joghurtalternative

½ TL abgeriebene Bio-Zitronenschale

2 EL Olivenöl

Salz & Pfeffer aus der Mühle

1 EL gehackte Petersilie

**Zum Garnieren:**

½ Avocado

Schnittlauchröllchen

# FRÜHSTÜCKSSANDWICH
## MIT TOFUSALAT

Ein gut belegtes Sandwich darf es für mich gerne als herzhaftes Frühstück, kaltes Mittagessen oder zum Abendbrot geben. Wenn du dieses Sandwich probierst, dann geht es dir bestimmt genauso wie mir. Der Tofusalat besteht aus einer selbst gemachten Blitz-Mayonnaise, Essiggurken, Salat, Radieschen und Keimlingen – auf einem Sandwich ist das meine Lieblingskombi!

**Vorbereitungszeit:** 15 Minuten **Zubereitungszeit:** 5 Minuten **Portionen:** 2 Portionen

**1.** Für den Tofusalat die Flüssigkeit sanft aus dem Tofu herausdrücken und den Block trocken tupfen. Essiggurken klein schneiden. Tofu in einer Schüssel mit den Händen oder einer Gabel zerkleinern. Essiggurken, Mayo, Senf, Gurkenwasser, Zucker, Kala-Namak-Salz, Dill und Schnittlauch gründlich untermischen. Mit Salz und Pfeffer abschmecken.

**2.** Für den restlichen Belag Essiggurken und Radieschen in dünne Scheiben schneiden. Salatblätter waschen und Keimlinge bereitlegen.

**3.** Brot nach Belieben zusätzlich mit Margarine bestreichen. Die untere Scheibe jeweils mit Salatblatt, Essiggurken, Tofusalat, Radieschen und Keimlingen belegen. Dann die obere Brotscheibe darauflegen und sanft andrücken.

### ZUTATEN

**Tofusalat:**

200 g Naturtofu

2 Essiggurken

100 g vegane Mayonnaise (Rezept Seite 124) oder Hummus

1 TL Senf

2 EL Gurkenwasser

½ TL Zucker

¼ TL Kala-Namak-Salz

1 EL gehackter Dill

1 EL Schnittlauchröllchen

Salz & Pfeffer aus der Mühle

**weiterer Belag:**

2 Essiggurken

4 Radieschen

Blattsalatblätter

Keimlinge oder Kresse

4 Brot- oder Sandwichscheiben

Margarine (optional)

**TIPP:** Ein einfaches und schnelles Rezept für selbst gemachte vegane Mayonnaise findest du auf Seite 124.

# KAISERSCHMARREN
## MIT ZIMT-KIRSCHEN

Perfekt für einen gemütlichen Brunch – oder auch als süßes Mittagessen/Dessert. Zu dem fluffig-süßen Schmarren schmecken heiße Kirschen mit einer Extraprise Zimt dazu besonders gut. Dieses Kaiserschmarren-Rezept hat den Vorteil, dass der Aufwand gering ist: Teig vorbereiten, braten, wenden, braten und zerrupfen. Ach ja: Genießen!

**Vorbereitungszeit:** 10 Minuten **Zubereitungszeit:** 20 Minuten **Portionen:** 2 Portionen

**1.** Für den Teig Pflanzendrink, Sprudelwasser, Apfelessig und Öl verrühren, kurz stehen lassen. In einer weiteren Schüssel die restlichen trockenen Zutaten vermischen. Flüssige Zutaten nur kurz unter die trockene Mischung rühren, so eine Teigmasse herstellen. Diese 10 Minuten ruhen lassen.

**2.** Währenddessen Kirschen abgießen, dabei den Saft auffangen. Davon 50 ml mit Puddingpulver, Zimt und Zucker glatt rühren. Den restlichen Kirschsaft (etwa 200 ml) aufkochen. Sobald der Saft kocht, Puddingpulvermischung einrühren, gemeinsam kurz köcheln lassen und anschließend die Kirschen unterheben. Beiseitestellen.

**3.** Margarine in einer Pfanne erhitzen. Gesamte Teigmasse in die Pfanne gießen und bei geschlossenem Deckel sowie mittlerer Hitze etwa 8 Minuten braten.

**4.** Kaiserschmarren vierteln, Stücke wenden und weitere 5 Minuten bei geschlossenem Deckel braten lassen. Danach vorsichtig zerrupfen.

**5.** Den Kaiserschmarren mit Kirschen servieren und mit Puderzucker bestäuben.

### ZUTATEN

150 ml veganer Drink
50 ml Sprudelwasser
1 EL Apfelessig
1 EL Öl (oder Margarine, geschmolzen)
100 g Mehl
1 EL (Rohrohr-)Zucker
20 g Vanillepuddingpulver
8 g Backpulver
8 g Vanillezucker
1 Prise Salz
1 EL Margarine

**Kirschen:**

1 Glas Sauerkirschen (360 g Abtropfgewicht)
20 g Vanillepuddingpulver
½ TL Zimtpulver
1 EL Zucker

**Außerdem:**

Puderzucker

Das proteinreiche Kichererbsenwasser niemals wegschütten. Auf Seite 145 findest du ein Dessertrezept mit diesem Aquafaba.

# WRAPS
## MIT KICHERERBSEN UND KRÄUTER-DIP

Wenn ich mir Wraps mache, dann denke ich mir meistens: »So ein geniales, einfaches und leckeres Essen für jeden Tag und jede Tageszeit.« Und genau so ist es! Diese Wraps sind mit einer selbst gemachten Paprikacreme, frischem und knackigem Gemüse und knusprigen Kichererbsen gefüllt. Besonders gut schmecken sie mit einem Dip oder Dressing.

**Vorbereitungszeit:** 5 Minuten **Zubereitungszeit:** 25 Minuten **Portionen:** 4 Portionen

**1.** Backofen auf 200 °C Ober-/Unterhitze vorheizen. Ein Backblech mit Backpapier auslegen.

**2.** Kichererbsen abtropfen lassen, dabei die Flüssigkeit auffangen (siehe Tipp), kalt abbrausen und abtropfen lassen. In einer Schüssel mit Öl, Paprika- und Knoblauchpulver, Curry, Pfeffer und Salz vermengen. Die Masse auf dem Backblech verteilen und im Ofen in etwa 20 Minuten knusprig backen. Anschließend herausnehmen.

**3.** Währenddessen sämtliche Zutaten für den Joghurt-Kräuter-Dip mit dem Stabmixer in einem hohen Rührbecher fein und cremig pürieren. Mit Salz und Pfeffer abschmecken. In ein Servierschälchen füllen.

**4.** Rotkohl in dünne Streifen schneiden. Tomaten in dünne Scheiben, Gurke in Stifte schneiden. Paprikaschote waschen und putzen, dann in Streifen schneiden. Salat waschen und trocken tupfen.

**5.** Je einen Tortillafladen mit Paprikacreme oder Aufstrich bestreichen. Mit Salatblättern, Rotkohl, Tomaten, Salatgurke, Paprikaschoten und gebackenen Kichererbsen belegen. Zusammenrollen und mit Dip servieren.

### ZUTATEN

**Gebackene Kichererbsen:**

1 Glas Kichererbsen (265 g Abtropfgewicht)

2 EL Olivenöl

1 TL Paprikapulver edelsüß oder rosenscharf

½ TL Knoblauchpulver

1 TL Currypulver, je ½ TL Salz & Pfeffer aus der Mühle

**Joghurt-Kräuter-Dip:**

150 g vegane Joghurtalternative

Saft von ½ Zitrone

1 EL Ahornsirup

1 Knoblauchzehe

½ Bund Petersilie

Salz & Pfeffer aus der Mühle

**Wraps:**

¼ Rotkohl

3–4 Datteltomaten

60 g Salatgurke

1 rote Paprikaschote

8 Blattsalatblätter

4 Tortillafladen

Paprikacreme (Rezept Seite 125) oder Aufstrich nach Wahl

# GRÜNER SMOOTHIE
## MIT AVOCADO

Morgens nur wenig Zeit? Dann ist dieser Smoothie dein Rezept! Er schmeckt natürlich süß, ist ausgewogen und vollgepackt mit gesunden Fetten. Die Zutaten kannst du vorbereiten und abgewogen einfrieren. So sparst du dir am Morgen Zeit und kannst gleich alles zusammen pürieren.

**Vorbereitungszeit:** 5 Minuten **Zubereitungszeit:** 2 Minuten **Portionen:** 1 Portion

**1.** Den Stein der Avocado entfernen, das Fruchtfleisch schälen und würfeln. Die Banane schälen und klein schneiden. Die Mango schälen, das Fruchtfleisch auf den flachen Seiten vom Stein schneiden und in Würfel schneiden. Die Ananas schälen, vierteln und den harten Strunk herausschneiden, das Fruchtfleisch grob würfeln.

**2.** Sämtliche Zutaten mit dem Stabmixer in einem hohen Rührbecher fein pürieren.

**ZUTATEN**

½ Avocado
1 Banane
60 g Mango
60 g Ananas
50 g Blattspinat
250 ml Kokosdrink

# SUPPEN & Salate

Leichte Salate und Suppen sind perfekt für warme Tage, den kleinen Hunger oder als Vorspeise geeignet. Bei Reisnudelsalat, Kokos-Möhren-Suppe oder Gurkensalat bleibt es schmackhaft und ausgewogen. Außerdem findest du hier Vorschläge für Grillbeilagen und Büfetts sowie wärmende Wohlfühl-Gerichte wie Erdnuss-Kokos-Ramen oder eine Lauchcremesuppe.

# BUNTER NUDELSALAT
## MIT BROKKOLI-PESTO

Ein gutes Nudelsalat-Rezept sollte man immer auf Lager haben. Hier kommt ein neues für dich! Schnapp dir deine Lieblingsnudeln (ich liebe Farfalle), getrocknete Tomaten, frische bunte Tomaten und ein paar Mandeln. Im Handumdrehen kommt noch das selbst gemachte Brokkoli-Pesto dazu: perfekt für Grillabende, Picknicks oder Mittag- und Abendessen.

**Vorbereitungszeit:** 15 Minuten **Zubereitungszeit:** 15 Minuten **Portionen:** 4 Portionen

1. Nudeln nach Packungsanweisung in Salzwasser garen. Anschließend abgießen. Getrocknete Tomaten abtropfen lassen und dabei das Öl auffangen. Alle Tomaten klein schneiden.

2. Für das Pesto tiefgekühlten Brokkoli auftauen oder frischen Brokkoli in Röschen teilen. In einem Topf mit 1 TL Salz und reichlich Wasser einige Minuten garen. Knoblauchzehen schälen. Brokkoli, Knoblauch, Mandeln, Hefeflocken, Basilikum, Olivenöl, restliches Salz (1 TL) und Paprikaflocken mit dem Stabmixer in einem hohen Rührbecher fein pürieren.

3. Für das Dressing 4 EL vom Tomaten-Öl, Zitronensaft, -abrieb und Essig verrühren.

4. Dressing mit den noch warmen Nudeln vermengen. Getrocknete Tomaten, Cocktailtomaten, etwa drei Viertel der Cashewkerne und das Pesto untermischen. Mit den restlichen Cashewkernen sowie Basilikumblättern garnieren und servieren.

**TIPP:** Lässt sich auch am Vortag vorbereiten und schmeckt durchgezogen über Nacht sogar noch besser!

### ZUTATEN

300 g kurze Nudeln

Salz

1 Glas getrocknete Tomaten in Öl (280 g)

250 g Cocktailtomaten (gelb und rot)

50 g Cashewkerne (oder andere Kerne)

Basilikumblätter zum Garnieren

**Brokkoli-Pesto:**

250 g Brokkoli

2 TL Salz

2 Knoblauchzehen

50 g Mandeln

40 g Hefeflocken

10 g Basilikumblätter

60 ml Olivenöl

1 TL Paprikaflocken

**Dressing:**

4 EL Tomaten-Öl (siehe oben)

Saft von ½ Zitrone

½ TL abgeriebene Bio-Zitronenschale

1 EL Aceto balsamico

# BOHNEN-PILZ-SALAT
## MIT GRÜNKERN

Grüne Bohnen schmecken besonders in der Saison herrlich – du kannst sie auch gern eher dünsten (also nur mit etwas Wasser am Boden des Topfes und aufgelegtem Deckel).

**Vorbereitungszeit:** 10 Minuten **Zubereitungszeit:** 25 Minuten **Portionen:** 2 Portionen

1. Grünkern in einem Topf mit reichlich Wasser aufkochen, 1 gute Prise Salz einstreuen und den Grünkern zugedeckt sanft in etwa 25 Minuten garen. Anschließend in ein Sieb abgießen und abtropfen lassen.

2. Inzwischen Bohnen putzen und in mundgerechte Stücke schneiden. Knoblauch schälen. Bohnenstücke mit Bohnenkraut (falls verwendet) und Knoblauch (im Ganzen) in reichlich Salzwasser 10 Minuten kochen.

3. Inzwischen Zwiebel schälen und in feine Ringe schneiden. Pilze putzen und in Scheiben schneiden. Nach Belieben die Pilze ganz kurz in einer Pfanne ohne Fett anbraten. Beides in einer Schüssel mit der Petersilie vermengen.

4. Die gegarten Bohnen in ein Sieb abgießen, mit kaltem Wasser abschrecken und abtropfen lassen. Das Bohnenkraut entfernen. Die weich gekochten Knoblauchzehen mit Essig, Cashewmus, beiden Sorten Senf sowie 4 EL Wasser in einem hohen Rührbecher mit dem Stabmixer cremig pürieren. Dieses Dressing mit Salz und Pfeffer abschmecken. Bohnen und Grünkern in einer Servierschüssel vorsichtig vermengen, alles mit dem Dressing anmachen und nach Bedarf erneut mit Salz und Pfeffer abschmecken.

### ZUTATEN

100 g Grünkern

Salz

300 g grüne Bohnen (frisch oder TK-Ware)

3 Knoblauchzehen

2 Stängel Bohnenkraut (nach Belieben)

1 rote Zwiebel

150 g braune Champignons

1 Handvoll grob zerzupfte glatte Petersilie

1 guter Schuss Weißweinessig

1 EL Cashewmus

2 TL Dijon-Senf (oder mittelscharfer Senf)

2 TL körniger Senf

Pfeffer aus der Mühle

# WÜRZIGER COUSCOUS-SALAT
## MIT TOMATEN UND MINZE

Wer schnell und unkompliziert kochen will, kann auf Couscous nicht verzichten. Er muss nur wenige Minuten in heißem Wasser quellen und ist dann bereits verzehrfertig! Eine super Grundlage für einen sommerlichen Salat. Dieser Couscous-Salat mit Dressing schmeckt würzig, sommerlich leicht und lässt sich auch gut am Tag vorher vorbereiten.

**Vorbereitungszeit:** 15 Minuten **Zubereitungszeit:** 5 Minuten **Portionen:** 4 Portionen

1. Couscous mit 200 ml kochend heißem Wasser übergießen und salzen. Etwa 5 Minuten quellen lassen. Dann mithilfe einer Gabel auflockern.

2. Währenddessen Frühlingszwiebeln in Ringe schneiden. Tomaten und Gurke klein schneiden. Paprikaschote waschen und putzen, dann klein schneiden. Minze- und Petersilienblätter klein hacken.

3. Für das Dressing den Knoblauch schälen und pressen. Mit den restlichen Zutaten verrühren. Mit Salz und Pfeffer abschmecken.

4. Alles in einer großen Schüssel gründlich miteinander vermengen. Nach Belieben nochmals mit Salz und Pfeffer abschmecken. Anschließend bis zur Verwendung kalt stellen.

### ZUTATEN

200 g Couscous
½ TL Salz
4 Frühlingszwiebeln
250 g Cocktailtomaten
⅓ Salatgurke
1 rote Spitzpaprikaschote
10 Minzblätter
2 Stängel glatte Petersilie, Blätter abgezupft

**Dressing:**

2 Knoblauchzehen
4 EL Olivenöl
2 EL Zitronensaft
2 EL Tomatenmark
1 EL Agavendicksaft
1 TL Paprikapulver edelsüß
½ TL Kreuzkümmelsamen
Salz & Pfeffer aus der Mühle

# KOKOS-MÖHREN-SUPPE
## MIT ERDNUSSKERNEN

Diese Suppe begleitet mich durch das ganze Jahr. Ingwer bietet dir hier heimelige Winterwärme. Orangensaft verleiht der Suppe gleichzeitig einen fruchtig leichten Geschmack, sodass sie auch im Sommer ein Genuss ist. Mit einer Scheibe Brot macht sich die Suppe perfekt als leichtes Mittagessen. Ich serviere sie aber auch gerne als Vorspeise.

**Vorbereitungszeit:** 5 Minuten **Zubereitungszeit:** 25 Minuten **Portionen:** 2 Portionen

**ZUTATEN**

1 Zwiebel
3 Knoblauchzehen
500 g Möhren
2 EL Öl
1–2 EL gehackter Ingwer
1 EL Ahornsirup
½ Orange
250 ml Gemüsebrühe, erhitzt
250 ml Kokosmilch
1 EL Apfelessig
Salz & Pfeffer aus der Mühle

**Zum Garnieren:**

Erdnusskerne
Kürbis- und Sonnenblumenkerne
Petersilienblätter, zerzupft

1. Zwiebel und Knoblauch schälen, beides klein schneiden. Möhren schälen und grob würfeln.

2. Öl in einem Topf erhitzen. Zwiebel und Knoblauch darin 2 Minuten anbraten. Ingwer und Möhren einrühren, 5 Minuten mitbraten. Ahornsirup hinzufügen und alles leicht karamellisieren lassen.

3. Orange auspressen (du benötigst etwa 50 ml) und Saft mit Brühe, Kokosmilch und Apfelessig unter die Möhren mischen. Gründlich durchrühren und die Suppe bei mittlerer Hitze 10 Minuten köcheln lassen.

4. Anschließend die Suppe mit dem Stabmixer fein pürieren. Alles mit Salz und Pfeffer abschmecken.

5. Zum Servieren die Suppe in Schalen füllen und mit Kernen und Petersilie toppen.

# KLASSISCHE GAZPACHO
## MIT MEDITERRANEM GEMÜSE

Meine Mutter hat mich zu diesem Rezept inspiriert. In meiner Familie steht immer ganz schnell etwas zu essen auf dem Tisch, wenn Besuch kommt. Oder wenn wir mal einen gemeinsamen Abend verbringen. Diese kalte Suppe aus rohem Gemüse essen wir häufig, weil sie aromatisch und sommerlich leicht schmeckt und uns alle begeistert.

**Vorbereitungszeit:** 15 Minuten **Zubereitungszeit:** 5 Minuten **Portionen:** 4 Portionen

1. Toast in 4 EL Wasser 5–10 Minuten einweichen. Anschließend die Flüssigkeit herausdrücken.

2. Währenddessen Tomaten aus der Dose über einem Sieb abtropfen lassen, dabei den Saft auffangen. Es werden etwa 400 g Tomaten und 150 ml Tomatensaft (von 1 Dose) benötigt. Reste anderweitig verwenden.

3. Gurke und Paprikaschoten waschen und grob klein schneiden. Zwiebel und Knoblauch schälen, beides klein schneiden.

4. Gemüse mit Tomatensaft, Olivenöl, Rotweinessig, Salz, Pfeffer, Zucker, Chilisauce, Kreuzkümmelsamen und eingeweichtem Toast mit dem Stabmixer in einem hohen Rührbecher fein pürieren. Nach Belieben mit Gewürzen und Salz erneut abschmecken.

5. Bis zum Servieren kalt stellen. Anschließend die Gazpacho in Gläser oder Schälchen füllen und mit Basilikum garnieren sowie mit Meersalz und Pfeffer bestreuen.

### ZUTATEN

1 weiße Toastscheibe

2 Dosen geschälte Tomaten (Dose à 400 g)

150 g Salatgurke

1 gelbe Paprikaschote

1 rote Paprikaschote

1 Zwiebel

1 Knoblauchzehe

1 EL Olivenöl

1 EL Rotweinessig

½ TL Salz

½ TL Pfeffer aus der Mühle

½ TL Zucker

1–2 TL Sriracha oder Chilisauce

1 kräftige Prise Kreuzkümmelsamen

**Zum Garnieren:**

Basilikumblätter

grobes Meersalz

Pfeffer aus der Mühle

# KARTOFFEL-BOHNEN-SALAT

## MIT RADIESCHEN

Dieser Kartoffelsalat mit grünen Bohnen, Radieschen, frischen Kräutern sowie einer knusprigen Speckalternative aus Kokoschips und Senf-Dressing schmeckt sommerlich leicht. Am liebsten bereite ich den Salat am Vortag zu, dann können sich die Aromen noch besser entfalten. Da er schnell zusammengestellt ist, eignet er sich aber auch ideal für eine spontane Zubereitung.

**Vorbereitungszeit:** 15 Minuten **Zubereitungszeit:** 15 Minuten **Portionen:** 4 Portionen

1. Kartoffeln schälen und klein schneiden. In einem Topf mit Wasser bedecken und salzen. Aufkochen lassen, dann die Kartoffeln in etwa 10 Minuten gar kochen. Etwa 3 Minuten vor Ende der Garzeit Bohnen untermischen. Anschließend das Wasser abgießen und die Bohnen mit kaltem Wasser abschrecken. Alles gut abtropfen lassen.

2. Während die Kartoffeln kochen, den Backofen auf 180 °C Ober-/Unterhitze vorheizen und ein Backblech mit Backpapier auslegen.

3. Sämtliche Zutaten für den Kokos-»Speck« vermengen und auf dem Backblech verteilen. Im Ofen in 10–12 Minuten kross backen.

4. Währenddessen für das Dressing Knoblauch schälen und mit den restlichen Zutaten mit dem Stabmixer in einem hohen Rührbecher fein pürieren. Mit Salz und Pfeffer abschmecken.

5. Radieschen in Scheiben schneiden. Lauchzwiebeln in Ringe schneiden. Petersilie klein hacken.

6. Kartoffeln und Bohnen in eine Schüssel füllen. Dressing untermengen. Radieschen, Lauchzwiebeln, Petersilie, Dill und gebackene Kokoschips hinzufügen und vorsichtig vermischen. Bis zum Servieren kühl stellen.

### ZUTATEN

**Kartoffelsalat:**

400 g Kartoffeln
Salz
200 g tiefgekühlte grüne Bohnen
4 Radieschen
2 Lauchzwiebeln
1 Bund Petersilie
2 EL gehackter Dill

**Kokos-»Speck«:**

75 g Kokos-Chips
1 EL Olivenöl
2 EL Sojasauce
1 EL Ahornsirup
½ EL Apfelessig
½ TL Paprikapulver edelsüß
½ TL Rauchsalz

**Dressing:**

1 Knoblauchzehe
1 EL Senf
1 EL Apfelessig
3 EL Olivenöl
1 Prise Zucker
Salz & Pfeffer aus der Mühle

Nach Belieben kannst du den Tofu vorher auch in etwas Öl anbraten, dann kommen noch köstliche Röstaromen dazu.

# ERDNUSS-KOKOS-RAMEN

## MIT BABYSPINAT

»Mehr Ramen!« ist bei vielen eurer Rezeptwünschen die Antwort. Meine Community hat mich da auf eine Spur gebracht ... nachdem ich meine erste Ramen-Suppe im japanischen Restaurant genossen hatte, ist diese Nudelsuppe nicht mehr von meinem Speiseplan wegzudenken. Besonders lecker mit Erdnuss & Kokos!

**Vorbereitungszeit:** 5 Minuten **Zubereitungszeit:** 25 Minuten **Portionen:** 2 Portionen

1. Zwiebel und Knoblauch schälen, beides klein schneiden. Öl in einem Topf erhitzen.

2. Zwiebel, Knoblauch und Ingwer darin 2 Minuten anbraten. Currypaste einrühren und 1 Minute mitbraten. Pilze dazugeben und alles gemeinsam weitere 30–60 Sekunden braten.

3. Brühe angießen. Sojasauce, Zucker, Limettensaft und Erdnussmus einrühren. Dann die Kokosmilch angießen, alles miteinander verrühren und 10 Minuten leicht köcheln lassen.

4. Ramen-Nudeln in den Topf füllen und 3–4 Minuten in der Suppe köcheln lassen, bis sie gar sind.

5. Flüssigkeit sanft aus dem Tofu herausdrücken und den Block trocken tupfen. Tofu in Würfel schneiden und zusammen mit dem Spinat in den Topf füllen. Kurz aufkochen lassen, bis der Spinat in sich zusammengefallen ist.

6. Frühlingszwiebeln in Ringe schneiden. Suppe in Schälchen füllen und mit Frühlingszwiebeln und Sesamsamen toppen.

### ZUTATEN

1 Zwiebel
3 Knoblauchzehen
1 EL Erdnussöl
1 EL gehackter Ingwer
1 EL rote Currypaste
200 g eingelegte Shiitakepilze
500 ml Gemüsebrühe, erhitzt
1–2 EL Sojasauce
1 EL Kokosblütenzucker
Saft von ½ Limette
1 EL Erdnussmus
400 ml Kokosmilch
180 g Ramen-Nudeln (jap. Weizennudeln)
200 g Naturtofu
100 g Babyspinat
2 Frühlingszwiebeln
Sesamsamen zum Toppen

Der Salat schmeckt auch warm sehr lecker. Einfach alles in der Pfanne erwärmen und kurz braten.

# REISNUDELSALAT
## MIT SCHARFER ERDNUSSSAUCE

Dieser Salat ist inspiriert von der asiatischen Küche, die ich gern mag. Nudeln, Tofu, Erdnusssauce und frisches Gemüse ergeben rasch eine ausgewogene, gesunde Mahlzeit. Während die Reisnudeln in Wasser quellen, kannst du die Sauce vorbereiten, Tofu braten und das Gemüse schneiden. Perfekt als schnelles Mittagessen oder Feierabendrezept.

**Vorbereitungszeit:** 15 Minuten **Zubereitungszeit:** 10 Minuten **Portionen:** 2 Portionen

1. Reisnudeln mit kochend heißem Wasser übergießen und 10–15 Minuten quellen lassen. Dann abgießen und bis zur Verwendung beiseitestellen.

2. Währenddessen Flüssigkeit sanft aus dem Tofu herausdrücken, den Block trocken tupfen. Knoblauch und Ingwer schälen, beides fein reiben. Tofu in Würfel schneiden und in einer Schüssel mit den restlichen Zutaten, bis auf das Öl zum Braten, vermengen. Noch 5 Minuten ziehen lassen.

3. Anschließend Öl in einer Pfanne erhitzen und darin die marinierten Tofuwürfel von allen Seiten braten, dann beiseitestellen.

4. Sämtliche Zutaten für die Erdnusssauce mit dem Stabmixer in einem hohen Rührbecher fein pürieren. Falls die Konsistenz zu dickflüssig ist, etwas Wasser untermixen.

5. Für den Salat Möhren schälen und in Stifte schneiden. Gurke in Scheiben schneiden. Chilischote halbieren, von Samen befreien und in Ringe schneiden. Frühlingszwiebeln in Ringe schneiden.

6. Reisnudeln, Gemüse und Tofu in einer Schüssel anrichten. Erdnusssauce über dem Salat verteilen. Mit gerösteten Erdnusskernen, Minzblättern und Sesamsamen toppen.

### ZUTATEN

**Salat:**

150 g Reisnudeln
2 Möhren
150 g Salatgurke
1 rote Chilischote
2 Frühlingswiebeln
30 g geröstete Erdnunsskerne
Minzblätter
2 TL gerösteter Sesamsamen

**Tofu:**

200 g Tofu
2 Knoblauchzehen
2 cm Ingwer
je 2 EL Sesamöl, Sojasauce & Ahornsirup
1 EL Öl

**Erdnusssauce:**

50 g Erdnussmus
30 ml Sesamöl
20 ml Reisessig
20 ml Sojasauce
1 TL Chilisauce
2 EL Ahornsirup
Saft von 1 Limette

# LAUCHCREMESUPPE
## MIT VEGANEM HACK

Diese Suppe ist für mich ein richtiges Allrounder-Gericht: als schnelles Mittagessen, Wohlfühlessen nach einem langen Arbeitstag, Meal Prep, Vorspeise oder zum Partybüfett. Diese Kombi kommt immer gut an. Die vegane Hackalternative kannst du je nach persönlicher Vorliebe auch weglassen.

**Vorbereitungszeit:** 5 Minuten **Zubereitungszeit:** 25 Minuten **Portionen:** 4 Portionen

**ZUTATEN**

1 Zwiebel
1 Knoblauchzehe
2 EL Öl
500 g veganes Hack
1 EL Sojasauce
1 EL Ahornsirup
Salz & Pfeffer aus der Mühle
3 Stangen Lauch
500 ml Gemüsebrühe
250 ml vegane Kochcreme
150 g vegane Crème-fraîche-Alternative (s. Tipp)
3 EL Hefeflocken
1 große Prise frisch geriebene Muskatnuss
Baguette, in Scheiben geschnitten (optional)

1. Zwiebel und Knoblauch schälen, beides klein schneiden. Öl in einem großen Topf erhitzen.

2. Zwiebel und Knoblauch darin 2 Minuten anbraten. Hack hinzufügen, mit Sojasauce, Ahornsirup, Salz und Pfeffer abschmecken, gründlich verrühren. Etwa 8 Minuten braten. Zwischendurch immer mal wieder umrühren.

3. Währenddessen Lauch putzen, in Ringe schneiden und dann unter den Topfinhalt rühren. Etwa 5 Minuten mitbraten.

4. Brühe angießen und bei schwacher Hitze etwa 10 Minuten köcheln lassen.

5. Kochcreme, Crème-fraîche-Alternative und Hefeflocken unterrühren. Das Ganze mit Muskat, Salz und Pfeffer abschmecken.

6. Die Suppe noch einmal kurz aufkochen lassen und anschließend servieren. Nach Belieben in Scheiben geschnittenes Baguette dazu reichen.

**TIPP:** Kein Fan von veganem Hack? Dann probiere es doch mal mit feinem Sojagranulat oder zerbröseltem Tofu. Die vegane Crème-fraîche-Alternative kannst du weglassen und stattdessen mehr Kochcreme verwenden.

# GURKENSALAT
## MIT DILL

Dieser Gurkensalat begleitet mich seit meiner Kindheit und zählt bis heute zu meinen Lieblingen als Beilagensalat. Er ist schnell vorbereitet, schmeckt erfrischend leicht und passt perfekt zu den anderen Beilagen in diesem Buch. Du kannst den Salat auch prima am Tag vorher vorbereiten.

**Vorbereitungszeit:** 25 Minuten **Zubereitungszeit:** 5 Minuten **Portionen:** 4 Portionen

1. Gurken in dünne Scheiben hobeln und in ein Sieb legen. Mit Salz, Pfeffer und Zucker vermischen und mindestens 10 Minuten über einer Schüssel stehen lassen. Das Salz entzieht den Gurken das Wasser, sodass der Salat dann weniger wässrig wird.

2. Währenddessen Zwiebel schälen und klein schneiden.

3. Für das Dressing die Zitrone auspressen. Knoblauch schälen und fein reiben. Dill fein hacken. Joghurtalternative, Zitronensaft, Olivenöl, Knoblauch, Zucker und Dill verrühren. Mit Salz und Pfeffer abschmecken.

4. Restliche Flüssigkeit vorsichtig aus den Gurken drücken. Gurkenscheiben in eine große Schüssel legen. Dressing, Zwiebel und Minzblätter hinzufügen, alles miteinander vermengen und bis zur Verwendung kalt stellen.

### ZUTATEN

2 Salatgurken

1 TL Salz

⅓ TL Pfeffer aus der Mühle

1 Prise Zucker

1 rote Zwiebel

10 Minzblätter

**Dressing:**

½ Zitrone

2 Knoblauchzehen

15 g Dill

200 g pflanzliche Joghurtalternative

1 EL Olivenöl

1 Prise Zucker

Salz & Pfeffer aus der Mühle

# PASTA & Reis

Unkomplizierte Pasta- und Reisgerichte für jeden Anlass und jede Alltagssituation – das brauchen wir jede Woche. Deswegen habe ich für dich die besonders schnellen Alltagshelden zusammengestellt, von Spinat-Penne über Tahin-Pasta bis zum Süßkartoffel-Curry. Natürlich dürfen auch Klassiker wie Spätzle mit Pilzrahmsauce, Kokos-Tikka-Masala, Burritos oder Orzo-Risotto nicht fehlen.

# SPÄTZLE
## MIT PILZRAHMSAUCE

Als ich das erste Mal Spätzle selbst gemacht habe, war ich völlig überrascht: einfach vorzubereiten und kaum Aufwand! Zudem gelingen Spätzle auch in der veganen Version superköstlich. Je nachdem ob du den Spätzleteig schabst, reibst oder presst, kannst du dir mit diesem Rezept schnell und einfach Dinkelspätzle, Nocken oder Knöpfle zubereiten.

**Vorbereitungszeit:** 5 Minuten **Zubereitungszeit:** 20 Minuten **Portionen:** 2 Portionen

**ZUTATEN**

**Spätzleteig:**

200 g Dinkelmehl Type 630 oder Weizenmehl Type 1050

100 g Hartweizengrieß

½ TL Salz, plus mehr fürs Kochwasser

1 EL Olivenöl

250 ml Sprudelwasser

**Pilzrahmsauce:**

1 Zwiebel

2 Knoblauchzehen

250 g braune Champignons

2 Stängel glatte Petersilie

2 EL Margarine oder Öl

150 ml vegane Kochcreme

1 Zweig Thymian

½ TL Salz

½ TL Pfeffer aus der Mühle

1. Für den Spätzleteig Mehl, Grieß und Salz in einer Schüssel vermischen. Öl einrühren und langsam unter Rühren das Sprudelwasser eingießen. Gut umrühren, bis ein glatter Teig entstanden ist. Die Schüssel abdecken und beiseitestellen.

2. Für die Pilzrahmsauce Zwiebel und Knoblauch schälen, beides klein schneiden. Pilze putzen und klein schneiden, Petersilienblätter abzupfen und fein hacken.

3. Margarine in einer Pfanne schmelzen lassen oder das Öl erhitzen. Zwiebel und Knoblauch darin 2–3 Minuten anbraten. Pilze einrühren, etwa 8 Minuten mitbraten. Kochcreme, Thymian und Petersilie gründlich unterrühren, alles kurz köcheln lassen. Mit Salz und Pfeffer, nach Belieben auch mit mehr Thymian abschmecken.

4. Während die Pilze braten, in einem großen Topf reichlich Wasser mit Salz zum Kochen bringen. Die Hitze so einstellen, dass das Wasser nur noch leicht köchelt.

5. Spätzleteig portionsweise ins Wasser schaben, reiben oder pressen. Sobald die Spätzle an der Oberfläche schwimmen (dauert 10–15 Sekunden), diese mithilfe einer Schaumkelle herausnehmen und gut abtropfen lassen. Vorgang so lange wiederholen, bis der Spätzleteig aufgebraucht ist.

6. Spätzle mit der Pilzrahmsauce servieren.

Die Burrito-Füllung kannst du gut vorkochen und im Kühlschrank aufbewahren. Sie schmeckt noch würziger, wenn sie 1–2 Tage durchziehen kann. Und passende Dip-Ideen findest du auf Seite 125.

# BURRITOS
## MIT WALNUSS-HACK

Sicher wirst du diese Burritos so sehr mögen wie ich! Die Hack-Alternative auf Basis von Walnusskernen ist würzig-saftig; gefüllt wird außerdem mit schwarzen Bohnen, Mais, Avocado, knackigem Salat und Reis. Eingerollt in warme Tortillas schmecken die Burritos unglaublich gut! Sie sind perfekt für Meal Prep.

**Vorbereitungszeit:** 5 Minuten **Zubereitungszeit:** 25 Minuten **Portionen:** 4 Portionen

1. Walnusskerne mit kochendem Wasser übergießen und 5 Minuten einweichen lassen. Anschließend das Wasser abgießen und die Nusskerne mit je 1 EL Olivenöl und Wasser im Mixer grob zerkleinern.

2. Restliches Öl (2 EL) in einer großen Pfanne erhitzen. Zwiebel und Knoblauch schälen, beides fein hacken und mit den Walnusskernen in der Pfanne 5 Minuten anbraten.

3. Sojasauce, Chili- und Paprikapulver, Kreuzkümmel, Salz und Pfeffer gut untermischen. Alles weitere 3–5 Minuten braten lassen. Bohnen, Tomaten und Mais einrühren und 5 Minuten mitköcheln lassen. Anschließend beiseitestellen.

4. Reis nach Packungsanweisung zubereiten. Währenddessen Avocados schälen, vom Stein befreien und in dünne Scheiben schneiden. Die Salatblätter einzeln vom Strunk abbrechen. Tortillas in der Mikrowelle oder in einer Pfanne kurz erwärmen.

5. Salat, Reis, Walnuss-Hacksauce und Avocados auf den Tortillas verteilen. Jeweils eher wenig Füllung nehmen, da sich die Burritos sonst nicht einrollen lassen. Zum Falten die kurzen Seiten einschlagen. Die untere Seite nun eng über die Füllung klappen und den Burrito von dir weg hin zur offenen Seite aufrollen. Burritos halbieren und servieren.

### ZUTATEN

**Walnuss-Hack:**

75 g Walnusskerne
3 EL Olivenöl
1 kleine Zwiebel
3 Knoblauchzehen
2 EL Sojasauce
½ TL Chilipulver
½ TL Paprikapulver geräuchert
½ TL Kreuzkümmelsamen
1 kräftige Prise Salz
½ TL Pfeffer aus der Mühle
400 g schwarze Bohnen (Dose)
400 g gehackte Tomaten (Dose)
140 g Mais (Dose)

**Burritos:**

100 g Reis
2 Avocados
1 Romana-Salatherzen
4 Tortilla-Wraps

# SPINAT-PENNE
## MIT CASHEWCREME

Diese supercremige Sauce macht deine Pasta garantiert zum absoluten Wohlfühl-Essen. Wenn du Spinat nicht magst, kannst du ihn durch anderes Gemüse ersetzen. Du musst dann allerdings die Garzeiten anpassen – ich liebe Babyspinat, nicht nur, weil er ein absoluter Sprinter beim Garen ist.

**Vorbereitungszeit:** 5 Minuten **Zubereitungszeit:** 20 Minuten **Portionen:** 2 Portionen

1. Penne nach Packungsanweisung zubereiten. Anschließend abgießen.

2. Währenddessen Zwiebel und Knoblauch schälen, beides klein schneiden.

3. Öl in einer großen Pfanne erhitzen. Zwiebel und Knoblauch darin in 2–3 Minuten glasig andünsten. Spinat darin zusammenfallen lassen.

4. Kochcreme hinzufügen, alles kräftig abschmecken und köcheln lassen, bis die Konsistenz cremig ist.

5. Nudeln unterrühren und sofort servieren.

6. Für die selbst gemachte Kochcreme Cashewkerne in heißem Wasser 15–20 Minuten einweichen. Anschließend abgießen und mit 100 ml Wasser sowie den restlichen Zutaten in einem Mixer cremig pürieren. So viel Wasser nachträglich untermixen, bis die Konsistenz cremig ist. Die selbst gemachte Kochcreme hält sich 3 Tage im Kühlschrank.

### ZUTATEN

**Spinat-Penne**

100 g Penne oder andere kurze Pasta

Salz

1 Zwiebel

1 Knoblauchzehe

2 EL Olivenöl

200 g Babyspinat

200 ml selbst gemachte Kochcreme (siehe unten)

Pfeffer aus der Mühle

**Selbst gemachte Kochcreme (400 g):**

200 g Cashewkerne

100 ml veganer Drink

2 EL Hefeflocken

1 TL Gemüsebrühepulver

# KOKOS-TIKKA-MASALA
## MIT MARINIERTEM TOFU

Liebst du auch die indische Küche? Dann ist dies dein Rezept! Dank Kokosmilch wird das Tikka Masala supercremig. Hier kommt die indische Gewürzmischung Garam masala ins Spiel – falls du sie noch nicht hast, lohnt sich die Anschaffung. Das Curry kannst du auch am Tag vorher kochen. Dann schmeckt es sogar noch besser!

**Vorbereitungszeit:** 10 Minuten **Zubereitungszeit:** 20 Minuten **Portionen:** 4 Portionen

1. Flüssigkeit sanft aus dem Tofu herausdrücken und den Block trocken tupfen. Tofu in Würfel schneiden. Restliche Zutaten, bis auf das Kokosöl, vorsichtig untermengen und beiseitestellen.

2. Reis nach Packungsanweisung zubereiten.

3. Währenddessen Zwiebel und Schalotte schälen, beides klein schneiden. Knoblauchzehen schälen und fein reiben.

4. Öl in einem Topf erhitzen. Zwiebel, Schalotte, Knoblauch und Ingwer 2 Minuten darin andünsten. Garam masala, Kreuzkümmel, Salz und Zitronenabrieb hinzufügen und unter Rühren weitere 1–2 Minuten braten. Tomatenmark unter den Pfanneninhalt mischen und nur kurz anbraten. Mit passierten Tomaten und Kokosmilch ablöschen. Alles bei geringer Hitze 10 Minuten köcheln lassen, nach Belieben nochmal abschmecken.

5. Für den Tofu Öl in einer Pfanne erhitzen. Tofuwürfel darin bei mittlerer bis starker Hitze 8–10 Minuten braten.

6. Tofuwürfel unter das Curry mischen, alles gründlich verrühren und kurz aufkochen lassen.

7. In einer großen Servierschüssel erst den Reis einschichten, dann das Tikka Masala darauf anrichten. Alles mit Petersilienblättern und Sesamsamen toppen.

### ZUTATEN

**Marinierter Tofu:**

400 g Naturtofu, 200 g vegane Joghurtalternative

je ½ TL Kreuzkümmelsamen, Kurkumapulver, Paprikapulver edelsüß

1 TL Garam masala (ind. Gewürzmischung)

je 1 EL Sojasauce & Kokosöl

**Reis:**

200 g Basmati- oder Jasminreis

Salz

**Kokos-Tikka-Masala:**

je 1 Zwiebel & Schalotte

3 Knoblauchzehen

je 1 EL Kokosöl, frisch geriebener Ingwer & Garam masala

1 TL Kreuzkümmelsamen

1 kräftige Prise Salz

1 TL abgeriebene Bio-Zitronenschale, 2 EL Tomatenmark

200 ml passierte Tomaten

400 ml Kokosmilch

**Zum Garnieren:**

glatte Petersilienblätter

Sesamsamen

# TAHIN-PASTA
## MIT FALAFELN

Mein Lieblingsrezept in diesem Buch in puncto »wenige Zutaten und schnell fertig«. Die Sauce wird auf Basis von Tahin gemacht und ist die perfekte Mischung aus der leichten Bitternote des Muses, einer angenehmen Schärfe und leichten Süße. Dazu die wohl schnellsten Falafeln überhaupt. Herrlich, köstlich, einfach!

**Vorbereitungszeit:** 5 Minuten **Zubereitungszeit:** 25 Minuten **Portionen:** 2 Portionen

**1.** Nudeln nach Packungsanweisung in Salzwasser kochen. Anschließend abgießen und beiseitestellen.

**2.** Währenddessen sämtliche Zutaten für die Tahin-Sauce mit 100 ml Wasser im Mixer oder mithilfe eines Stabmixers cremig pürieren.

**3.** Für die Falafeln Knoblauch und Möhren schälen, Die Kichererbsen in ein Sieb abgießen, kalt abbrausen und abtropfen lassen. Sämtliche Zutaten, bis auf das Frittieröl, in einem Mixer zerkleinern. Aus der Masse etwa zehn Bällchen formen. Öl in einem großen Topf auf etwa 170 °C erhitzen (sobald von einem ins Öl gehaltenen Holzlöffel kleine Bläschen aufsteigen, ist es heiß genug). Falafeln vorsichtig hineingleiten lassen. Der Topf sollte nicht zu voll werden, lieber portionsweise frittieren. Die Bällchen in 3–5 Minuten goldbraun ausbacken. Zwischendurch wenden. Dann herausnehmen und auf Küchenpapier abtropfen lassen.

**4.** Die gekochten Nudeln mit der Sauce vermengen. Falafeln auf der Pasta anrichten und alles mit Sesamsamen sowie Korianderblättern bestreuen.

**TIPP:** Das Kochwasser der eingelegten Kichererbsen ist sehr proteinhaltig, man nennt es Aquafaba. Es lässt sich wie Eischnee aufschlagen.

### ZUTATEN

160 g Nudeln
Salz

**Tahin-Sauce:**

120 g Tahin (Sesammus)
10 ml Sojasauce
2 EL Sesamöl
2 EL Agavendicksaft
1 EL Sambal Oelek
1 EL geriebener Ingwer
2 Knoblauchzehen
Saft von ½ Limette

**Falafeln (ergibt ca. 10 Stück):**

1 Knoblauchzehe
75 g Möhren
140 g gegarte Kichererbsen (Glas)
35 g Mehl
10 g Sesamsamen
½ TL Kreuzkümmelsamen
Salz & Pfeffer aus der Mühle
750 ml Frittieröl

**Außerdem:**

Sesamsamen
Korianderblätter

Je kleiner du das Gemüse schneidest, desto schneller wird es gar. Die Stücke sollten ungefähr die gleiche Größe haben.

# ERDNUSS-TOFU

## MIT BUNTEM GEMÜSE UND KOKOS-REIS

Knuspriger Tofu, buntes und knackiges Gemüse, eine aromatische und cremige Erdnusssauce serviert mit Kokos-Reis – diese herrliche Kombi geht bei mir immer. Und dazu ist sie ausgewogen, gesund sowie schnell zubereitet. Mach dir dein Lieblingsgericht draus, indem du das Gemüse nach Belieben zusammenwürfelst.

**Vorbereitungszeit:** 10 Minuten **Zubereitungszeit:** 20 Minuten **Portionen:** 2 Portionen

1. Reis mit 200 ml Wasser und Kokosmilch in einem Topf zum Kochen bringen. Salzen und bei mittlerer Hitze etwa 10 Minuten kochen lassen, bis der Reis die Flüssigkeit komplett aufgesogen hat.

2. Flüssigkeit sanft aus dem Tofu herausdrücken und den Block trocken tupfen. In Würfel schneiden und mit Speisestärke vermengen. Knoblauch schälen und klein schneiden.

3. Öl in einer Pfanne erhitzen. Tofu darin 8 Minuten kräftig braten. Dabei gelegentlich umrühren. Dann Knoblauch und Ingwer untermischen und alles weitere 2 Minuten bei geringer Hitze braten.

4. Währenddessen Paprikaschote von Samen und Scheidewänden befreien und in dünne Streifen schneiden. Brokkoli in Röschen teilen; diese je nach Größe noch halbieren.

5. Margarine in der Pfanne mit dem Tofu erhitzen. Paprika, Brokkoli und Zuckererbsen unterrühren und etwa 5 Minuten anbraten. Mit Salz und Pfeffer abschmecken.

6. Sämtliche Zutaten für die Erdnusssauce mit 100 ml Wasser in einem Mixer oder mithilfe eines Stabmixers cremig pürieren, dann in die Pfanne gießen. Kurz köcheln lassen, bis die Sauce andickt.

7. Kokos-Reis in Schalen füllen. Tofu und Gemüse auf dem Reis anrichten und jeweils mit Sesamsamen garnieren.

### ZUTATEN

200 g Basmatireis
200 ml Kokosmilch
Salz

**Tofu-Gemüse-Pfanne:**

200 g Naturtofu
1 EL Speisestärke
2 Knoblauchzehen
1 EL Erdnussöl
1 EL gehackter Ingwer
1 rote Spitzpaprikaschote
150 g Brokkoli
1 TL Margarine
100 g Zuckererbsen
Salz & Pfeffer aus der Mühle

**Erdnusssauce:**

2 EL Erdnussmus
4 EL Sojasauce
⅓ TL Chilisauce
1 EL Ahornsirup
1 Knoblauchzehe
2 EL Limettensaft

**Zum Garnieren:**

1 EL Sesamsamen

# LINSEN-GEMÜSE
## MIT PASTA

Das ist das perfekte Feierabendgericht. In eine große Pfanne kommen einfach alle Zutaten nacheinander, zum Schluss noch deine Lieblingsnudeln untermischen – schon steht das Essen auf dem Tisch! Doch das Beste: Es ist superlecker, gesund und ausgewogen. Das Gemüse kannst du ganz nach deinem Geschmack – oder je nach Kühlschrankinhalt – variieren.

**Vorbereitungszeit:** 10 Minuten **Zubereitungszeit:** 20 Minuten **Portionen:** 2 Portionen

**ZUTATEN**

180 g Nudeln
Salz
1 Zwiebel
2 Knoblauchzehen
350 g Brokkoli
1 rote Paprikaschote
2 EL Öl
2 EL Tomatenmark
150 g rote Linsen
200 ml Gemüsebrühe, erhitzt
1 TL Paprikapulver edelsüß
1 TL Kräuter der Provence
Pfeffer aus der Mühle

1. Nudeln nach Packungsanweisung in Salzwasser kochen. Sobald die Nudeln gar sind, diese abgießen und beiseitestellen.

2. Währenddessen Zwiebel und Knoblauch schälen, beides klein schneiden. Brokkoli in Röschen teilen, je nach Größe noch halbieren. Paprikaschote von Samen und Scheidenwänden befreien, dann in dünne Streifen schneiden.

3. Öl in einer Pfanne erhitzen. Zwiebel und Knoblauch darin 2 Minuten anbraten. Tomatenmark, Linsen, Brokkoliröschen, Paprikastreifen, Brühe und Gewürze hinzufügen. Alles gut verrühren und 10–15 Minuten offen köcheln lassen, bis die Linsen weich sind. Abschließend nach Belieben noch einmal abschmecken.

4. Die gekochten Nudeln dazugeben, alles miteinander vermengen und servieren.

**TIPP:** Sobald man zu Linsen Salz beim Kochen hinzufügt, verlängert sich die Garzeit. Einige festere Sorten werden dann fast gar nicht weich. Rote Linsen sind sozusagen Linsen-Fast-Food, weil sie so schnell garen. Hier kannst du das Salz auch beim Kochen hinzufügen. Sie werden dann nicht so »matschig«.

# SÜSSKARTOFFEL-CURRY
## MIT ROTEN LINSEN

Dieses Rezept stammt aus meiner Uni-Zeit. Damals habe ich regelmäßig für meinen Freund und mich sonntags für die Woche vorgekocht. Das Linsen-Süßkartoffel-Curry war eines unserer Favoriten. Es ist wohltuend, einfach gemacht und sogar günstig, da die Grundzutaten simpel sind. Das hier ist Meal-Prep-Meditation: alles nacheinander in den Topf, fertig!

**Vorbereitungszeit:** 5 Minuten **Zubereitungszeit:** 25 Minuten **Portionen:** 4 Portionen

1. Zwiebel und Knoblauch schälen, beides klein schneiden. Öl in einem Topf erhitzen. Zwiebel, Knoblauch und Ingwer darin 3 Minuten anbraten.

2. Währenddessen Süßkartoffeln schälen und in kleine Würfel schneiden. Diese im Topf 5 Minuten unter Wenden mitbraten. Currypulver und Ahornsirup hinzufügen, alles kurz karamellisieren lassen. Nun noch Linsen und Brühe hinzufügen. Aufkochen lassen, dann das Curry bei mittlerer Hitze etwa 15 Minuten kochen, bis die Süßkartoffeln weich sind.

3. Währenddessen Reis nach Packungsanweisung zubereiten.

4. Abschließend Kokosmilch in das Curry einrühren und das Ganze 1–2 Minuten kochen lassen. Mit Salz und Pfeffer abschmecken.

5. Reis und Curry in Schalen füllen und mit Petersilienblättern toppen.

### ZUTATEN

- 1 Zwiebel
- 2 Knoblauchzehen
- 2 EL Öl
- 1 EL frisch gehackter Ingwer
- 500 g Süßkartoffeln
- 1 EL Currypulver
- 1 EL Ahornsirup
- 150 g rote Linsen
- 500 ml Gemüsebrühe, erhitzt
- 200 g Basmati- oder Jasminreis
- 400 ml Kokosmilch
- Salz & Pfeffer aus der Mühle
- glatte Petersilienblätter, zum Garnieren

**TIPP:** Probier's mal mit Kürbis statt Süßkartoffel. Die Garzeiten sind ähnlich, und es schmeckt hervorragend!

Die Hefeflocken liefern nicht nur B-Vitamine, sondern auch eine leicht an Parmesan erinnernde Note.

# ONE-POT-ORZO-RISOTTO
## MIT CHAMPIGNONS

Orzo sind Nudeln aus Hartweizengrieß, die aufgrund ihrer Form an Reis erinnern. Dieses Rezept ist ideal, wenn du Lust auf eine einfache, aber schmackhafte Alternative zum klassischen Risotto hast. Für dieses One-Pot-Gericht brauchst du dementsprechend nur einen Topf – schnell gekocht und schnell aufgeräumt.

**Vorbereitungszeit:** 5 Minuten **Zubereitungszeit:** 25 Minuten **Portionen:** 2 Portionen

1. Champignons putzen und halbieren. Margarine in einem Topf schmelzen lassen oder das Öl erhitzen. Champignons darin mit Salz und Pfeffer bestreuen und etwa 5 Minuten anbraten.

2. Währenddessen Schalotte und Knoblauch schälen, beides klein schneiden. Zusammen mit dem Thymian im Topf unter die Pilze rühren, alles weitere 3 Minuten anbraten. Orzo hinzufügen und nochmals 2 Minuten braten lassen.

3. Etwa die Hälfte der Brühe zugießen und den Topfinhalt 5 Minuten köcheln lassen, bis die Nudeln die Brühe fast aufgesogen haben. Restliche Brühe eingießen und erneut aufkochen lassen.

4. Erbsen und Kochcreme einrühren. Dann Zitronensaft und Hefeflocken untermischen, alles mit Salz und Pfeffer abschmecken. Abschließend den Spinat in der Mischung kurz in sich zusammenfallen lassen. Dafür den Topf für etwa 2 Minuten schließen. Noch einmal alles gut miteinander vermischen.

5. Orzo-Risotto in Schalen füllen und servieren, nach Belieben am Tisch mit noch mehr Zitronensaft verfeinern.

### ZUTATEN

250 g braune Champignons
2 EL Margarine oder Öl
Salz & Pfeffer aus der Mühle
1 Schalotte
1 Knoblauchzehen
1 EL getrockneter Thymian
250 g Orzo
350 ml Gemüsebrühe, erhitzt
100 g tiefgekühlte Erbsen
100 ml vegane Kochcreme oder Kokosmilch
Saft von ½ Zitrone
3 EL Hefeflocken
100 g Babyspinat

Wenn du rohen Tofu nicht magst, dann kannst du ihn nach dem Marinieren ganz zum Schluss auch kurz in der Pfanne anbraten.

# POKÉ-BOWL
## MIT TOFU

*Poké* ist Hawaiianisch und bedeutet »in kleine Stücke schneiden«.
In einer Poké-Bowl befinden sich also allerlei klein geschnittene Zutaten wie in einem Salat.
Dabei mischen sich jedoch gegarte und rohe Komponenten.
Statt Quinoa kannst du auch Reis oder ein anderes Getreide deiner Wahl verwenden.

**Vorbereitungszeit:** 10 Minuten **Zubereitungszeit:** 20 Minuten **Portionen:** 2 Portionen

1. Flüssigkeit aus dem Tofu sanft herausdrücken und den Block trocken tupfen. Tofu in Würfel schneiden. Zwiebel schälen, halbieren und in Halbkreise schneiden. Restliche Zutaten für den Tofu zu einer Marinade verrühren. Tofu und Zwiebel unterheben und beiseitestellen.

2. Quinoa waschen und abtropfen lassen. Zusammen mit 300 ml Wasser und etwas Salz in einem Topf zum Kochen bringen, dann bei mittlerer Hitze 10–15 Minuten köcheln lassen.

3. Währenddessen Gurke und Radieschen in Scheiben schneiden. Avocado schälen, entsteinen und klein schneiden. Rotkohl vom Strunk befreien und in dünne Streifen schneiden. Frühlingszwiebeln in dünne Ringe schneiden.

4. Sämtliche Zutaten für das Dressing mit 20 ml Wasser im Mixer oder mithilfe eines Stabmixers cremig pürieren, mit Salz abschmecken. Sollte es zu dick sein, mehr Wasser untermixen.

5. Quinoa, Tofu, Salatgurke, Radieschen, Avocado und Rotkohl in einer weiten Schale nebeneinander anrichten. Mit Frühlingszwiebelringen und Sesamsamen garnieren. Abschließend das Dressing über der Poké-Bowl verteilen.

### ZUTATEN

**Tofu:**

200 g Naturtofu

1 kleine Zwiebel

30 ml Sojasauce

je 1 EL Ahornsirup & Reisessig

je 1 TL Sesamöl & Sambal Oelek oder Chilisauce

1 frisch geriebene Knoblauchzehe

1 TL frisch geriebener Ingwer

**Poké-Bowl:**

150 g Quinoa

Salz

100 g Salatgurke

2–3 Radieschen

1 Avocado

¼ Rotkohl

2 Frühlingszwiebeln

1 EL Sesamsamen

**Sesamdressing:**

50 g Tahin (Sesammus) oder Cashewmus

Saft von ½ Zitrone

je 1 TL Chilisauce, Reisessig & Ahornsirup

Salz

# AUFLÄUFE & Pfannengerichte

Diese Ofenrezepte sind in 30 Minuten bereit für die Röhre. Die kurze Backzeit von Kartoffelgratin oder Zucchini-Auflauf kannst du zum Tischdecken und Entspannen nutzen. Besonders schnell gehen Pfannengerichte wie Shakshuka, Gnocchi mit Tofu-Bolo oder Bratreis. One-Pot-Gerichte ersparen dir das Chaos in der Küche, also wieder Zeit gespart, dieses Mal beim Aufräumen!

Den Hefeschmelz kannst du auch für andere Rezepte in diesem Buch zum Überbacken verwenden. Alternativ kannst du auch etwa 70 g einer veganen Alternative zu Streukäse verwenden.

# KARTOFFELGRATIN
## MIT HEFESCHMELZ

Kartoffelgratin: vegan, schnell und einfach? Na klar! Dieses ist innerhalb von 30 Minuten vorbereitet und benötigt nur eine kurze Backzeit. Das Besondere: Es wird auf Käse-Ersatzprodukte verzichtet und schmeckt dennoch supercremig und »käsig«. Hier macht mir sogar die Zubereitung Spaß.

**Vorbereitungszeit:** 30 Minuten **Zubereitungszeit:** 20 Minuten **Portionen:** 4 Portionen

**1.** Kartoffeln schälen und dünn hobeln. In einem Topf mit Wasser bedecken und salzen. Aufkochen lassen und bei mittlerer Hitze in 10 Minuten gar kochen. Anschließend das Wasser abgießen.

**2.** Für die Sauce Margarine in einem Topf schmelzen. Zwiebel und Knoblauch schälen, beides klein schneiden und in die Margarine rühren. Mit 1 Prise Zucker 5 Minuten karamellisieren lassen. Mehl einrühren und 1–2 Minuten unter Rühren anrösten. Alles mit Kochcreme ablöschen, klümpchenfrei rühren und kräftig mit Gewürzen, Kräutern sowie Hefeflocken würzen. Sauce beiseitestellen.

**3.** Für den Hefeschmelz Margarine in einem Topf schmelzen. Mehl einrühren und unter ständigem Rühren mit dem Schneebesen 2–3 Minuten anschwitzen. Langsam 250 ml Wasser zugießen und dabei weiterrühren, damit keine Klümpchen entstehen. Kurz aufkochen lassen, dann Hefeflocken einrühren. Vom Herd nehmen und den Schmelz mit Senf, Salz, Kurkuma, Pfeffer und Muskatnuss abschmecken.

**4.** Backofen auf 200 °C Ober-/Unterhitze vorheizen. Eine Auflaufform leicht einölen. Kartoffelscheiben in die Auflaufform gleichmäßig schichten. Erst die Sahnesauce über die Kartoffeln gießen, dann den Hefeschmelz darüber verteilen.

**5.** Im Ofen etwa 20 Minuten backen, bis der Hefeschmelz goldbraun ist. Aus dem Ofen nehmen und kurz abkühlen lassen.

**6.** Vor dem Servieren mit Basilikumblättern garnieren.

### ZUTATEN

600 g festkochende Kartoffeln
Salz
Öl für die Form
Basilikumblätter zum Garnieren

**Sahnige Sauce:**

2 EL Margarine
1 Zwiebel
2 Knoblauchzehen
1 Prise Zucker
2 EL Mehl
500 ml vegane Kochcreme
½ TL Salz, ⅓ TL Pfeffer
frisch geriebene Muskatnuss
1 TL Paprikapulver edelsüß
1 TL italienische Kräutermischung
60 g Hefeflocken

**Hefeschmelz:**

60 g Margarine
30 g Mehl
30 g Hefeflocken
2 TL Senf
1 TL Salz, ¾ TL Kurkumapulver
Pfeffer aus der Mühle
frisch geriebene Muskatnuss

Passende Dip-Ideen findest du auf Seite 125.

# QUESADILLAS
## MIT GEMÜSE-KÄSE-FÜLLUNG

Überraschend, dass eine so schnelle Zubereitung mit recht wenigen Zutaten so gut schmecken kann, oder? Ich liebe Quesadillas in allen Varianten, doch diese sind mein Favorit: Brokkoli und Zucchini machen sich hervorragend zur selbst gemachten Käse- und Sesamsauce.

**Vorbereitungszeit:** 15 Minuten **Zubereitungszeit:** 10 Minuten **Portionen:** 2 Portionen

1. Brokkoli in kleine Röschen teilen, Strunk großzügig schälen und in dünne Scheiben schneiden. 1 EL Öl in einer Pfanne erhitzen und Brokkoli darin anbraten.

2. Währenddessen Zucchini klein schneiden. Zwiebel schälen und klein hacken. Beides zum Brokkoli rühren und gemeinsam weitere 3 Minuten anbraten. Abschließend Basilikumblätter einrühren, mit Salz und Pfeffer abschmecken und die Pfanne beiseitestellen.

3. In einer Schüssel sämtliche Zutaten für die Käsesauce mithilfe eines Stabmixers cremig pürieren.

4. In einer weiteren Schüssel sämtliche Zutaten für die Sesamsauce verrühren.

5. Zwei Tortilla-Wraps mit der Käsesauce bestreichen. Dann mit dem gebratenen Gemüse belegen und etwas von der Sesamsauce darüber verteilen. Die restlichen beiden Tortillas auflegen und leicht andrücken.

6. Restliches Olivenöl (2 EL) in der nun leeren Pfanne erhitzen. Eine Quesadilla in die Pfanne heben und 3–4 Minuten pro Seite braten. Zum Wenden einen Teller auf die Pfanne legen, fest andrücken und das Ganze stürzen. Die Quesadilla mithilfe eines breiten Pfannenwenders wieder in die Pfanne gleiten lassen. Abschließend herausnehmen und die zweites Quesadilla ebenso braten. Vor dem Servieren in Stücke schneiden.

### ZUTATEN

1 kleiner Brokkoli
3 EL Olivenöl
1 kleine Zucchini
1 Zwiebel
1 Handvoll Basilikumblätter
Salz & Pfeffer aus der Mühle
4 Tortilla-Wraps

**Vegane Käsesauce:**

Rezept Seite 93

**Sesamsauce:**

3 EL Sesamöl
1 EL Apfelessig
1 EL Agavendicksaft
2 EL Sesamsamen
1 TL Tahin (Sesammus)
Salz

Statt veganem Reibekäse kannst du auch die selbst gemachte Käsesauce von Seite 93 verwenden.

# ZUCCHINI-AUFLAUF
## MIT TOMATEN

Diesen Auflauf mache ich total gerne, wenn ich Lust auf etwas Leichtes und Überbackenes habe. Die hübsch geschichteten Tomaten und Zucchini werden durch eine fruchtige Tomatensauce abgerundet, dazu kommen nach Belieben veganer Käse und eine leckere Cashew-Kruste. Perfekt auch als Beilage.

**Vorbereitungszeit:** 20 Minuten **Zubereitungszeit:** 20 Minuten **Portionen:** 4 Portionen

**1.** Für die Tomatensauce Zwiebel und Knoblauch schälen und klein schneiden. Öl in einem Topf erhitzen. Zwiebel und Knoblauch darin 2 Minuten anbraten. Tomaten hinzufügen und alles mit Zucker, Kräutern, Salz und Pfeffer abschmecken. Kurz aufkochen lassen.

**2.** Währenddessen Zucchini und Tomaten in Scheiben schneiden. Für die Cashew-Kruste Cashewkerne, Hefeflocken, Salz und Knoblauchpulver in einem Mixer grob zerkleinern. Herausnehmen und mit etwas Panko vermischen.

**3.** Backofen auf 200 °C Ober-/Unterhitze vorheizen. Eine Auflaufform leicht einölen.

**4.** Die Sauce in die Auflaufform füllen. Die Hälfte der Tomaten- und Zucchinischeiben abwechselnd spiralförmig und übereinanderlappend auf das Saucenbett legen. Leicht salzen und dann den Streukäse darüber verteilen. Restliche Gemüsescheiben abwechselnd genauso wie vorher auf der Käseschicht anrichten. Cashew-Kruste darüberstreuen und alles mit Olivenöl beträufeln.

**5.** Im Ofen 20–25 Minuten backen, bis die Kruste schön goldbraun ist. Aus dem Ofen nehmen und kurz abkühlen lassen. Vor dem Servieren den Auflauf mit Basilikumblättern garnieren.

### ZUTATEN

**Auflauf:**

1 Zwiebel

1 Knoblauchzehe

1 EL Olivenöl

400 g gehackte Tomaten (Dose)

1 Prise Zucker

1 TL italienische Kräutermischung

Salz & Pfeffer aus der Mühle

800 g Zucchini

3–4 große Tomaten

Meersalz

80 g vegane Streukäse-Alternative (siehe Tipp)

1 EL Olivenöl, plus mehr für die Form

1 Handvoll Basilikumblätter

**Cashew-Kruste:**

50 g Cashewkerne

5 g Hefeflocken

1 kräftige Prise Salz

½ TL Knoblauchpulver

Panko (jap. Semmelbrösel)

# BRATREISPFANNE
## MIT TOFU UND GEMÜSE

Hast du noch Reis übrig? Oder magst du Reispfannen genauso gern wie ich? Dann ist dieses Rezept einfach perfekt! Gebratener Reis mit Gemüse, Tofu und einer süß-scharfen Sauce. Alles an diesem Gericht ist superaromatisch und lecker. Am besten eignet sich kalter Reis vom Vortag, aber du kannst ihn natürlich auch extra hierfür garen.

**Vorbereitungszeit:** 5 Minuten **Zubereitungszeit:** 25 Minuten **Portionen:** 4 Portionen

**1.** Frisch gekochten Reis anschließend leicht abkühlen lassen.

**2.** Champignons putzen und halbieren. Brokkoli in Röschen teilen. In einer Pfanne 1 EL Öl erhitzen. Pilze und Brokkoli darin etwa 5 Minuten anbraten.

**3.** Knoblauchzehen schälen und klein schneiden. Frühlingszwiebeln in Ringe schneiden. Zusammen mit Spinat und Ingwer unter die Pilzmischung rühren und alles weitere 2–3 Minuten braten lassen. Den Pfanneinhalt in eine Schüssel leeren und diese beiseitestellen.

**4.** Restliches Öl (1 EL) in der eben geleerten Pfanne erhitzen. Flüssigkeit sanft aus dem Tofu herausdrücken und den Block trocken tupfen. Tofu in Würfel schneiden. Diese im heißen Öl 5 Minuten bei mittlerer bis hoher Hitze anbraten.

**5.** Währenddessen sämtliche Zutaten für die Sauce mit 30 ml Wasser in einer Schüssel verrühren.

**6.** Hitze reduzieren und 2 EL der Sauce unter den Pfanneninhalt rühren. Reis dazumischen und 5 Minuten anbraten. Dabei nur gelegentlich umrühren, es darf ruhig ein bisschen kross werden. Dann die restliche Sauce in die Pfanne gießen und alles weitere 3 Minuten braten. Abschließend das beiseitegestellte Gemüse unterheben.

**7.** Reispfanne in Schalen füllen und servieren.

### ZUTATEN

350 g gegarter Reis
150 g braune Champignons
200 g Brokkoli
2 EL Olivenöl
4 Knoblauchzehen
3 Frühlingszwiebeln
100 g Babyspinat
1 EL gehackter Ingwer
200 g Räuchertofu

**Sauce:**

50 ml Sojasauce
2 EL Erdnuss- oder Sesamöl
⅓ TL Chiliflocken
1 TL Rohrohrzucker

Auf Seite 85 findest du ein Rezept für Hefeschmelz, der sich ebenfalls zum Überbacken eignet, falls du auf die vegane Variante von Streukäse verzichten möchtest.

# ONE-POT-NUDELAUFLAUF
## MIT CHAMPIGNONS

Dieser Nudelauflauf ist zwar nicht innerhalb von 30 Minuten fertig – aber fast! Als One-Pot-Gericht ist er immerhin einfach in der Zubereitung. Die kurze Backzeit kannst du dafür nutzen, den Tisch zu decken, etwas zu trinken vorzubereiten oder einfach mal durchzuatmen und die Vorfreude zu genießen.

**Vorbereitungszeit:** 30 Minuten **Zubereitungszeit:** 15 Minuten **Portionen:** 2 Portionen

1. Zwiebeln und Knoblauch schälen, beides klein schneiden. Pilze putzen und klein schneiden. Margarine mit Ahornsirup in einem Topf schmelzen.

2. Zwiebeln darin 5 Minuten karamellisieren. Mit 250 ml Gemüsebrühe ablöschen und 3 Minuten köcheln lassen. Knoblauch, Pilze, Kräuter der Provence sowie etwas Salz und Pfeffer hinzufügen, gut verrühren und alles 5 Minuten köcheln lassen.

3. Die restliche Brühe (750 ml) angießen und aufkochen lassen. Nudeln darin 10 Minuten kochen, bis sie gar sind.

4. Währenddessen den Backofen auf 200 °C Ober-/Unterhitze vorheizen. Im Mixer oder mithilfe eines Stabmixers sämtliche Zutaten für die vegane Käsesauce pürieren.

5. Sobald die Nudeln gar sind, Kokosmilch, Käse- und Sojasauce einrühren. Alles in eine Auflaufform füllen und mit Streukäse bedecken.

6. Im Ofen etwa 15 Minuten backen, bis der Käse geschmolzen ist. Danach herausnehmen, kurz abkühlen lassen und servieren.

### ZUTATEN

**Nudelauflauf:**

2 Zwiebeln
2 Knoblauchzehen
200 g Champignons
2 EL Margarine oder Öl
2 EL Ahornsirup
1 l Gemüsebrühe
2 TL Kräuter der Provence
Salz & Pfeffer aus der Mühle
400 g Nudeln
400 ml Kokosmilch
vegane Käsesauce (siehe unten)
1 EL Sojasauce
200 g vegane Alternative zu Streukäse (siehe Tipp)

**Vegane Käsesauce (ergibt etwa 100 g):**

75 g Cashewmus (oder eingeweichte Cashewkerne)
2 EL Zitronensaft
2 EL Hefeflocken
½ TL Salz
¼ TL Pfeffer aus der Mühle

# PAD THAI
## MIT KNUSPRIGEM TOFU

Pad Thai ist ein Nudelpfannen-Klassiker der Thaiküche. Diese vegane Variante wird mit buntem Gemüse, knusprigem Tofu und einer würzigen Sauce gemacht. Reisnudeln müssen nur in heißem Wasser quellen. Restliche Zutaten brätst du einfach in der Pfanne an. Ein fixes und superleckeres Ergebnis in 30 Minuten!

**Vorbereitungszeit:** 10 Minuten **Zubereitungszeit:** 20 Minuten **Portionen:** 2 Portionen

**1.** Reis-Bandnudeln mit kochend heißem Wasser übergießen und etwa 10 Minuten quellen lassen. Anschließend abtropfen lassen und beiseitestellen.

**2.** Währenddessen Öl in einer großen Pfanne erhitzen. Flüssigkeit sanft aus dem Tofu herausdrücken und den Block trocken tupfen. Tofu in Würfel schneiden und mit Speisestärke vermischen.

**3.** Tofuwürfel im heißen Öl etwa 8 Minuten anbraten. Dabei gelegentlich umrühren.

**4.** Währenddessen Knoblauch, Schalotte und Möhre schälen, alles klein schneiden. Mungobohnen-Keimlinge abtropfen lassen. Paprikaschote von Samen und Scheidewänden befreien, dann klein würfeln. Frühlingszwiebeln in Ringe schneiden.

**5.** Knoblauch, Schalotte und Ingwer mit dem Tofu 2 Minuten anbraten. Dann das restliche Gemüse und die Erdnusskerne hinzufügen, alles einige Minuten braten lassen.

**6.** Währenddessen in einer kleinen Schüssel sämtliche Zutaten für die Sauce verrühren.

**7.** Sauce zum Pfanneninhalt gießen und abgetropfte Reisnudeln unterheben. Kurz mitbraten, dann alles in Schüsseln füllen und servieren.

### ZUTATEN

240 g Reis-Bandnudeln
2 EL Sesamöl
200 g Naturtofu
1 EL Speisestärke
2 Knoblauchzehen
1 Schalotte
1 große Möhre
100 g Mungobohnen-Keimlinge (Glas)
1 rote Paprikaschote
3 Frühlingszwiebeln
1 EL frisch geriebener Ingwer
50 g Erdnusskerne

**Sauce:**

3 EL Limettensaft
40 ml Sojasauce
3 EL Ahornsirup oder Kokosblütenzucker
1 EL Sriracha (scharfe thail. Würzsauce)

# GEFÜLLTE PAPRIKAHÄLFTEN
## MIT ORZO

Gefüllte Paprika aus dem Ofen sind immer eine gute Idee. Diese hier sind sogar innerhalb von 30 Minuten fertig. Das Schöne an diesem Rezept ist, dass du die Füllung nach deinem Geschmack variieren kannst. Neben Reis fülle ich die Paprika auch gerne mit Orzo-Nudeln, die super dazu passen und Abwechslung in das Ganze bringen. Du magst keine Oliven? Dann lass sie einfach weg.

**Vorbereitungszeit:** 5 Minuten **Zubereitungszeit:** 25 Minuten **Portionen:** 2 Portionen

**ZUTATEN**

2 rote Paprikaschoten

2 Knoblauchzehen

2 EL Olivenöl, plus mehr für die Form

2 TL italienische Kräutermischung

200 g Orzo, Quinoa oder Reis

Salz

2 Peperonischoten

50 g Oliven (optional)

2 EL Pinienkerne

100 g vegane Feta-Alternative (optional)

1 Handvoll Basilikumblätter

**Basilikum-Öl:**

60 g Olivenöl

½ TL abgeriebene Bio-Zitronenschale

2 EL gehackte Basilikumblätter

1 TL rote Paprikaflocken, Schärfe nach Belieben

Salz

1. Backofen auf 200 °C Ober-/Unterhitze vorheizen. Eine Auflaufform leicht einölen.

2. Paprikaschoten halbieren, von Samen und Scheidewänden befreien. Knoblauchzehen schälen und fein reiben. In einer kleinen Schüssel Knoblauch mit 1 EL Olivenöl und Kräutern verrühren. Damit die Paprikahälften innen und außen einstreichen.

3. Paprikahälften nebeneinander in die Auflaufform legen und im Ofen etwa 20 Minuten backen.

4. Währenddessen Orzo nach Packungsanweisung zubereiten. Peperonischoten klein schneiden.

5. Sobald die Nudeln gar sind, das Wasser abgießen. Peperonistücke, Oliven nach Belieben, Pinienkerne und restliches Olivenöl (1 EL) untermengen.

6. In einer kleinen Schüssel sämtliche Zutaten für das Basilikum-Öl verrühren.

7. Paprikahälften aus dem Ofen nehmen und mit der Nudelmischung füllen. Nach Geschmack vegane Feta-Alternative über die Paprikahälften bröseln. Abschließend mit einigen Basilikumblättern bestreuen und mit Basilikum-Öl beträufeln.

Auch Käsesauce (Seite 93) eignet sich gut zum Überbacken. So kannst du auf die vegane Alternative zum Streukäse verzichten (falls du sie nicht magst oder sie den Weg in deinen Einkaufskorb verpasst hat).

# ÜBERBACKENE GNOCCHI
## MIT TOFU-BOLOGNESE

Gnocchi aus dem Kühlregal sind oft vegan, und es gibt sie in vielen verschiedenen Sorten (Süßkartoffel, Spinat oder Linsen). Ich mache daraus zum Beispiel dieses Gericht, dazu die leckerste Tofu-Bolo! Das Rezept ist dank meines Freundes entstanden, der es sich mal in dieser Kombination gewünscht hatte.

**Vorbereitungszeit:** 25 Minuten **Zubereitungszeit:** 15 Minuten **Portionen:** 2 Portionen

**1.** Flüssigkeit sanft aus dem Tofu herausdrücken und den Block trocken tupfen. Mit den Händen oder einer Gabel zerbröseln. Zwiebel und Knoblauch schälen, beides klein hacken. Möhren schälen und klein schneiden.

**2.** Öl in einer ofenfesten Pfanne erhitzen. Tofu und klein Geschnittenes darin verrühren. Paprikapulver darüberstreuen und alles etwa 8 Minuten anbraten. Dabei gelegentlich umrühren.

**3.** Tomaten, Kokosmilch, Brühe, italienische Kräuter und Ahornsirup unter den Pfanneninhalt rühren. Alles mit Salz und Pfeffer abschmecken. Das Ganze 8 Minuten leicht köcheln lassen. Dann Gnocchi unterheben und weitere 5 Minuten köcheln lassen.

**4.** Backofen auf 200 °C Ober-/Unterhitze vorheizen. Wenn deine Pfanne nicht in den Ofen kann, verwende nun eine leicht eingeölte Auflaufform.

**5.** Gnocchi-Bolognese nach Belieben noch mit veganer Alternative zu Streukäse bestreuen. Dann das Ganze im Ofen 10–15 Minuten überbacken.

**6.** Anschließend herausnehmen, leicht abkühlen lassen und servieren.

### ZUTATEN

200 g Räuchertofu oder Naturtofu

1 Zwiebel

2 Knoblauchzehen

2 Möhren

2 EL Olivenöl, plus mehr für die Form (nach Bedarf)

1 TL Paprikapulver edelsüß

200 g gehackte Tomaten (Dose)

200 ml Kokosmilch

100 ml Gemüsebrühe, erhitzt

2 TL italienische Kräutermischung

1 EL Ahornsirup

Salz & Pfeffer aus der Mühle

400 g vegane Gnocchi (Kühlregal)

50 g vegane Alternative zu Streukäse (siehe Tipp)

# REISAUFLAUF
## MIT GEMÜSE

Schon mal Reis als Auflauf probiert? Schmeckt superlecker, cremig und gleichzeitig schön knusprig. Im Grunde bereitest du eine einfache Reispfanne zu, die du im Anschluss mit einer passenden Sauce zum Überbacken im Ofen fertigstellst. Einfach, schnell und doch so köstlich!

**Vorbereitungszeit:** 25 Minuten **Zubereitungszeit:** 15 Minuten **Portionen:** 2 Portionen

**ZUTATEN**

- 1 Zwiebel
- 1 Knoblauchzehe
- 2 EL Olivenöl, plus mehr für die Form (nach Bedarf)
- 120 g braune Champignons
- 200 g Brokkoli
- Salz & Pfeffer aus der Mühle
- 2 EL Margarine
- 250 g Reis
- 2 EL getrockneter Thymian
- 400 ml Gemüsebrühe, erhitzt
- 1 TL abgeriebene Bio-Zitronenschale
- 100 ml Kokosmilch
- 100 g vegane Alternative zu Streukäse (siehe Tipp)

**1.** Zwiebel und Knoblauchzehe schälen, beides klein schneiden. Öl in einer großen ofenfesten Pfanne erhitzen. Zwiebel und Knoblauch darin 2 Minuten anbraten.

**2.** Champignons putzen, halbieren und den Brokkoli in Röschen teilen. In der Pfanne mit Salz und Pfeffer bestreuen und 5 Minuten braten. Margarine in der Pfanne schmelzen lassen. Reis und Thymian in die Pfanne rühren und 5 Minuten anbraten. Dann mit Brühe aufgießen, alles mit ½ TL Pfeffer und Zitronenschale würzen. Das Ganze 8–10 Minuten köcheln lassen, bis der Reis die Flüssigkeit aufgesogen hat. Anschließend erneut abschmecken.

**3.** Backofen auf 220 °C Ober-/Unterhitze vorheizen. Wenn die Pfanne nicht ofenfest ist, nun eine Auflaufform leicht einölen.

**4.** Kokosmilch und die Hälfte vom veganen Streukäse unter die Reismischung rühren. Pfanne oder Auflaufform in den Ofen stellen und den Reisauflauf 10 Minuten backen.

**5.** Anschließend herausnehmen, leicht abkühlen lassen und servieren.

**TIPP:** Wenn du keinen veganen Streukäse magst, dann kannst du auch die selbst gemachte Käsesauce (Seite 93) zum Überbacken verwenden.

# ONE-POT-SHAKSHUKA
## MIT WEISSEN BOHNEN

Shakshuka ist eigentlich eine Tomatensauce mit Zwiebeln, Chilischoten und wahlweise Paprikaschoten, in der zum Schluss Eier pochiert werden. Meine vegane Variante arbeitet mit weißen Bohnen, Spitzpaprika und veganem Frischkäse. So schmeckt's würzig, ist gesund und als One-Pot-Rezept schnell und unkompliziert zubereitet.

**Vorbereitungszeit:** 5 Minuten **Zubereitungszeit:** 20 Minuten **Portionen:** 4 Portionen

**1.** Zwiebel und Knoblauch schälen, beides klein hacken. Öl in einer Pfanne erhitzen. Zwiebel und Knoblauch 3 Minuten darin anbraten. Paprikaschoten waschen und putzen, dann klein schneiden und in die Pfanne rühren. Gemeinsam weitere 3–5 Minuten braten.

**2.** Tomaten, Paprikapulver, Kreuzkümmel, Oregano, Salz, Pfeffer und Paprikaflocken gründlich unter den Pfanneninhalt rühren. Alles 10 Minuten leicht köcheln lassen. Dann die Bohnen hinzugeben und 1–2 Minuten kochen lassen.

**3.** Shakshuka in Schalen füllen. Nach Belieben mit veganem Feta und Frischkäse sowie frischer Petersilie servieren.

### ZUTATEN

1 Zwiebel
3 Knoblauchzehen
2 EL Olivenöl
2 rote Spitzpaprikaschoten
800 g gehackte Tomaten (Dose)
2 TL Paprikapulver geräuchert
1 TL Kreuzkümmelsamen
1 TL getrockneter Oregano
½ TL Salz
½ TL Pfeffer aus der Mühle
⅓ TL Paprikaflocken
240 g weiße Bohnen (Dose)
50 g vegane Feta-Alternative (optional)
2 EL vegane Frischkäse-Alternative (optional)
frische glatte Petersilienblätter

**TIPP:** Schmeckt besonders gut mit geröstetem Brot zum Auftunken der Sauce.

# BEILAGEN, DIPS & *Fingerfood*

Die schnell gemachten Beilagen kannst du auch gemeinsam servieren oder mit anderen Rezepten kombinieren. Dazu kommt herrliches Fingerfood für Partys, Grillsessions, Büffets, z. B. Pizzaschnecken, Tofustäbchen, Flammkuchen oder Sommerrollen, und mit veganer Mayonnaise, Paprika-Creme, Avocado-Tahin-Dip oder Zaziki hast du auch immer den passenden Dip auf Lager.

# VEGANE FRIKADELLEN
## WIE BEI MAMA

Die leckersten Frikadellen gab es immer bei meiner Mama – nach polnischer Art. Sie schmecken sehr würzig, sind innen saftig und außen knusprig. Für dich habe ich eine vegane Variante der polnischen Frikadellen entwickelt. Wir essen sie gerne als Beilage oder auch mal als Snack mit einem leckeren Dip.

**Vorbereitungszeit:** 10 Minuten **Zubereitungszeit:** 20 Minuten **Portionen:** 10 Stück

**ZUTATEN**

1 helles Brötchen

1 Zwiebel

3–4 EL Öl

275 g veganes Hack

1 EL Speisestärke

50 g Paniermehl, plus mehr zum Wenden

1 EL gehackte Petersilie

1 TL Senf

½ TL Paprikapulver edelsüß

Salz & Pfeffer aus der Mühle

1. Brötchen in heißem Wasser etwa 5 Minuten einweichen. Anschließend das Wasser gründlich ausdrücken.

2. Zwiebel schälen und klein schneiden. 1 EL Öl in einer Pfanne erhitzen, Zwiebel darin 2–3 Minuten anbraten. Dann herausnehmen.

3. In einer Schüssel eingeweichtes Brötchen, gebratene Zwiebel, veganes Hack, Speisestärke, Paniermehl, Petersilie, Senf und Paprikapulver mit den Händen miteinander vermengen. Kräftig salzen. Aus der Masse mit angefeuchteten Händen zehn kleine Frikadellen formen. Diese in Paniermehl wälzen.

4. Restliches Öl (2–3 EL) in der Pfanne erhitzen. Frikadellen bei mittlerer Hitze darin in 5–8 Minuten pro Seite knusprig braten. Herausnehmen und auf Küchenpapier abtropfen lassen. Nach Geschmack warm oder kalt servieren.

**TIPP:** Statt Paniermehl sind auch gemahlene Haferflocken zum Binden möglich. Alternative Zubereitung im Backofen: Fertig geformte Frikadellen mit Öl bestreichen. Im vorgeheizten Ofen bei 200 °C Ober-/Unterhitze 15 Minuten backen. Dann wenden und weitere 10–15 Minuten backen.

# PIZZASCHNECKEN

## MIT PAPRIKA UND MAIS

Du möchtest Häppchen vorbereiten – nur wie geht das einfach, schnell, vegan? Hier kommt die Antwort auf deine Frage. Frischer Pizzateig aus dem Kühlregal wird zu Mini-Pizzaschnecken, die bei uns immer sehr beliebt sind. Die Füllung kannst du nach deinen Vorlieben variieren.

**Vorbereitungszeit:** 15 Minuten **Zubereitungszeit:** 15 Minuten **Portionen:** 13 Stück

### ZUTATEN

**Tomatensauce:**

10 Basilikumblätter
200 ml passierte Tomaten
2 EL Tomatenmark
2 TL getrockneter Oregano
½ TL Salz
Pfeffer aus der Mühle
1 Prise Zucker

**Füllung:**

1 rote Paprikaschote
1 Zwiebel
140 g Mais (Dose)
100 g vegane Streukäse-Alternative

**Außerdem:**

400 g veganer Dinkel-Pizzateig (Kühlregal)

1. Backofen auf 200 °C Ober-/Unterhitze vorheizen. Ein Backblech mit Backpapier auslegen.

2. Für die Sauce Basilikumblätter klein schneiden und mit den restlichen Zutaten verrühren.

3. Für die Füllung Paprikaschote waschen und putzen, dann klein schneiden. Zwiebel schälen und fein hacken.

4. Pizzateig ausrollen. Mit Tomatensauce bestreichen. Dann Paprikastücke, Zwiebel und Mais darauf verteilen. Abschließend mit Streukäse bedecken.

5. Teig nun von der langen Seite her fest aufrollen. Mithilfe eines scharfen Messers die Teigrolle in etwa 13 gleich dicke Stücke schneiden. Schnecken mit der Schnittfläche nach unten auf dem Backblech mit Abstand zueinander verteilen.

6. Im Ofen etwa 15 Minuten backen. Anschließend herausnehmen und kurz abkühlen lassen. Dann servieren.

**TIPP:** Reste von der Tomatensauce kannst du auch als Dip verwenden.

# KROSSE KARTOFFELPUFFER
## MIT KICHERERBSENMEHL

Kartoffelpuffer wecken in mir eine Menge Kindheitserinnerungen: ob als herzhafte Variante zum Mittagsessen oder auch mal süß mit Apfelmus auf dem Wochenmarkt. Für die vegane Variante benötigst du nur drei Zutaten und weniger als 30 Minuten. Du kannst sie herzhaft oder auch süß servieren, je nach Gefühlslage.

**Vorbereitungszeit:** 15 Minuten **Zubereitungszeit:** 10 Minuten **Portionen:** 6–8 Stück

**ZUTATEN**

500 g festkochende Kartoffeln

1 Zwiebel

50 g Kichererbsenmehl

1 TL Salz

Pfeffer aus der Mühle

frisch geriebene Muskatnuss

1 EL gehackte Petersilie (optional)

2 EL Margarine

1. Kartoffeln und Zwiebel schälen, beides fein oder grob reiben. Die Masse in ein sauberes Geschirrtuch eindrehen und so die Flüssigkeit fest ausdrücken. Das dabei austretende Stärkewasser auffangen. Die Kartoffel-Zwiebel-Masse in eine Schüssel füllen.

2. 5 EL der Flüssigkeit mit Kichererbsenmehl glatt rühren. Zusammen mit Salz unter die Kartoffelmischung rühren. Alles mit Pfeffer und Muskat würzen, Petersilie (nach Belieben) untermengen. Mit feuchten Händen aus der Masse sechs bis acht Puffer formen.

3. Margarine in einer Pfanne schmelzen lassen. Puffer darin bei mittlerer Hitze von beiden Seiten etwa 5 Minuten, oder bis sie knusprig sind, braten.

4. Die fertigen Puffer nach Belieben herzhaft (Dip-Ideen: Seite 125) oder süß (etwa mit Apfelmus oder den angedickten Kirschen von Seite 33) servieren.

# WÜRZIGE CRACKER
## MIT ROSMARIN

Cracker zählen zu meinen Lieblingssnacks bei einem gemütlichen Filmeabend, draußen an einem warmen Sommerabend mit Freunden oder wenn sich mal Besuch ankündigt. Diese schmecken, wie Cracker schmecken sollten: würzig und superknusprig. Jetzt kannst auch du dir deine Knusperbegleitung einfach selbst backen.

**Vorbereitungszeit:** 10 Minuten **Zubereitungszeit:** 20 Minuten **Portionen:** 50 Stück

**1.** Sämtliche Zutaten, bis auf das Meersalz, mit 70 ml Wasser im Mixer oder mit den Händen zu einem Teig verarbeiten. Sollte der Teig zu trocken sein, mehr Wasser hinzufügen.

**2.** Backofen auf 170 °C Ober-/Unterhitze vorheizen. Ein Backblech mit Backpapier auslegen.

**3.** Teig dünn ausrollen. Das klappt zwischen zwei Lagen Backpapier besonders gut. Teigplatte mithilfe eines scharfen Messers oder Pizzaschneiders in Crackerstücke schneiden, diese auf dem Backblech verteilen. Die Cracker einige Male mit einer Gabel einstechen.

**4.** Cracker im Ofen in 15–20 Minuten goldgelb backen. Anschließend herausnehmen und abkühlen lassen. Nach Geschmack mit grobem Meersalz bestreuen. Danach luftdicht verschlossen aufbewahren (sie halten sich 1 gute Woche knusprig, sind aber bestimmt schon vorher leergefuttert).

### ZUTATEN

150 g Dinkelmehl Typ 630
3 EL Hefeflocken
15 g geschrotete Leinsamen
¼ TL Backpulver
2 EL getrockneter Rosmarin
2 TL Knoblauchpulver
2 TL Zwiebelpulver
2 TL Paprikapulver edelsüß
½ TL Kurkumapulver
½ TL Salz
45 ml Olivenöl
grobes Meersalz zum Bestreuen

**TIPP:** Passende Dip-Ideen findest du auf Seite 125.

# SEMMELKNÖDEL
## MIT PETERSILIE

Ein Rezept, von dem du vermutlich nicht wusstest, wie schnell und einfach es gemacht ist: Semmelknödel! Ich koche diesen Klassiker regelmäßig, da Semmelknödel eine vielseitige Beilage sind. Besonders gerne mag ich dazu Rahmschwammerl – also eine Pilzrahmsauce, wie du sie auf Seite 63 findest.

**Vorbereitungszeit:** 15 Minuten **Zubereitungszeit:** 15 Minuten **Portionen:** 12 Stück

**ZUTATEN**

- 4 helle Brötchen (etwa 320 g)
- 300 ml veganer Drink
- 1 Zwiebel
- 1 EL Olivenöl
- 2 EL gehackte Petersilie, plus Petersilienblätter zum Garnieren
- 100 g Weizenmehl Type 405
- 2 EL Kichererbsenmehl
- frisch geriebene Muskatnuss
- Salz & Pfeffer aus der Mühle
- 1–2 EL Semmelbrösel, nach Bedarf

1. Brötchen in kleine Würfel schneiden und in eine Schüssel legen. Veganen Drink lauwarm erhitzen und über die Brötchen gießen. So 10 Minuten quellen lassen.

2. Währenddessen Zwiebel schälen und klein schneiden. Öl in einer kleinen Pfanne erhitzen und Zwiebel darin kurz anschwitzen. Gehackte Petersilie unterrühren und 1 weitere Minute anbraten. Dann vom Herd nehmen.

3. Zwiebeln, Mehl, Kichererbsenmehl, Muskat, Salz und Pfeffer unter die Brötchen-Drink-Masse mischen. Sollte die Konsistenz zu weich sein, 1–2 EL Semmelbrösel untermischen.

4. Wasser in einem großen Topf erhitzen und salzen. Mit nassen Händen aus der Masse etwa zwölf Knödel formen. Knödel vorsichtig in das siedende, aber nicht sprudelnde Wasser gleiten und bei geschlossenem Topf etwa 15 Minuten ziehen lassen, bis sie an der Oberfläche schwimmen. Gelegentlich vorsichtig durchrühren.

5. Knödel herausnehmen und mit frischer Petersilie bestreut servieren.

**TIPP:** Fertig gegarte Knödel in Scheiben aufschneiden und in der Pfanne in Margarine ausbacken. Auch ein guter Tipp, wenn du Knödelreste verwerten willst.

Du kannst die Reispapiere auf einem Küchenhandtuch mithilfe eines Pinsels befeuchten. Am besten funktioniert es jedoch, wenn du dir im Asia-Laden ein Gitter kaufst, das extra für das Befeuchten von Reispapier gedacht ist. Kleine Investition für eine große Rollen-Zukunft!

# SOMMERROLLEN
## MIT CASHEW-SESAM-DIP

Sommerrollen sind ein tolles Fingerfood-Gericht. Man kann sie als leichtes Mittagessen genießen, zum Abendessen oder gemeinsam mit Freunden teilen. Diese Sommerrollen sind einfach gemacht, bunt gefüllt und schmecken warm oder kalt. Ich fülle sie am liebsten mit Reisnudeln, buntem Gemüse, knusprigen Tofu-Streifen und serviere dazu einen Dip.

**Vorbereitungszeit:** 15 Minuten **Zubereitungszeit:** 15 Minuten **Portionen:** 8 Portionen

1. Reisnudeln nach Packungsanweisung quellen lassen, nach Belieben auf Länge der Sommerrollen zuschneiden.

2. Flüssigkeit sanft aus dem Tofu herausdrücken und den Block trocken tupfen, dann in Streifen schneiden. Öl in einer Pfanne erhitzen und Tofu von beiden Seiten in einigen Minuten knusprig braten.

3. Währenddessen Avocado schälen, entsteinen und ebenso wie die Radieschen in Streifen schneiden. Möhren in Stifte schneiden. Rotkohl in dünne Streifen schneiden.

4. Sämtliche Zutaten für den Dip im Mixer cremig pürieren. Mit Salz und Pfeffer abschmecken. In ein Dip-Schälchen füllen.

5. Reispapier kurz in Wasser einweichen (siehe Tipp). Mittig mit Reisnudeln, Radieschen- und Avocadostreifen, Möhrenstiften, Rotkohlstreifen und Minzblättern belegen.

6. Weniger ist mehr – sonst lässt sich die Rolle nicht gut schließen. Die obere und untere Seite des Reispapiers über die Mitte klappen und dann von unten aufrollen. Halbieren und auf einem Teller nebeneinander anrichten. So sämtliche Zutaten verarbeiten.

7. Sommerrollen mit schwarzen Sesamsamen bestreuen und mit dem Dip servieren.

### ZUTATEN

125 g Reisnudeln
200 g Räuchertofu
1 EL Sesamöl
1 Avocado
4 Radieschen
2 Möhren
200 g Rotkohl
8 Blätter Reispapier
½ Handvoll Minzblätter
1 EL schwarze Sesamsamen

**Cashew-Kokos-Dip:**

150 g Cashewkerne
1 TL Tahin (Sesammus)
3 EL Sojasauce
150 ml Kokosmilch
1 EL Agavendicksaft
½ TL abgeriebene Bio-Orangenschale
½ TL abgeriebene Bio-Zitronenschale
Saft von ½ Zitrone
½ TL Kreuzkümmelsamen
Salz & Pfeffer aus der Mühle

# WÜRZIGER DJUVEC-REIS
## MIT TOMATEN UND ERBSEN

Djuvec-Reis ist eine Beilage, die ich sehr gerne esse – ich fühle mich sofort glücklich. Auch zu Hause kann man den Reis einfach selbst zubereiten. Er schmeckt saftig, aromatisch nach Tomaten und Paprika und passt als Beilage zu vielen Gerichten. Für das Rezept verwende ich am liebsten Basmati- oder Jasminreis.

**Vorbereitungszeit:** 5 Minuten **Zubereitungszeit:** 25 Minuten **Portionen:** 2 Portionen

### ZUTATEN

1 Zwiebel
1 Knoblauchzehe
2 rote Spitzpaprikaschoten
2 EL Olivenöl
200 g Reis
2 EL Ajvar (Paprika-Auberginen-Mus vom Balkan)
1 TL Paprikapulver edelsüß
400 g gehackte Tomaten (Dose)
2 EL Gemüsebrühepulver
200 g tiefgekühlte Erbsen
Salz & Pfeffer aus der Mühle
1 EL gehackte Petersilie

1. Zwiebel und Knoblauch schälen, beides fein hacken. Paprikaschoten waschen und putzen, dann klein schneiden.

2. Öl in einem Topf erhitzen. Zwiebel, Knoblauch und Paprika darin etwa 5 Minuten anbraten. Reis, Ajvar und Paprikapulver einrühren, gemeinsam 5 Minuten braten. Dabei gelegentlich umrühren.

3. Tomaten, 200 ml Wasser sowie Brühepulver hinzufügen und 10 Minuten leicht köcheln lassen. Dabei immer mal wieder umrühren.

4. Erbsen untermengen und das Ganze 2 Minuten leicht köcheln lassen. Abschließend mit Salz und Pfeffer abschmecken, Petersilie einrühren.

**TIPP:** Passt perfekt zu den Frikadellen auf Seite 107.

# KNUSPRIGE TOFUSTICKS
## IM PANKOMANTEL

Schon beim Durchblättern wirst du erkannt haben, wie gerne ich Tofu esse. Richtig zubereitet und gut gewürzt kann man mit den verschiedenen Tofu-Sorten Herrliches zubereiteten. Dazu zählen auch diese Tofusticks, ob zum Dippen oder als Beilage.

**Vorbereitungszeit:** 10 Minuten **Zubereitungszeit:** 20 Minuten **Portionen:** 2 Portionen

1. Flüssigkeit sanft aus dem Tofu herausdrücken und den Block trocken tupfen. Tofu in Sticks schneiden. In einer Schüssel Sojasauce, Zwiebel- und Knoblauchpulver verrühren; damit den Tofu marinieren.

2. Für die Panade in einem tiefen Teller Mehl, Speisestärke, veganen Drink, Senf, Salz, Pfeffer und Knoblauchpulver vermischen. In einem zweiten tiefen Teller Panko, Hefeflocken und Paprikapulver vermischen.

3. Öl in einer Pfanne erhitzen oder Margarine schmelzen lassen. Tofusticks erst in der flüssigen Mehl-Mischung, dann in dem Paniermehl wenden. Die Brösel dabei gut andrücken.

4. Tofusticks in der Pfanne bei mittlerer Hitze von allen Seiten knusprig braten, 8–10 Minuten insgesamt sollte das dauern. Aus der Pfanne auf ein Küchenpapier heben und abtropfen lassen.

5. Tofusticks mit Meersalz und gehackter Petersilie bestreut oder mit Dip servieren.

### ZUTATEN

400 g Naturtofu
4 EL Sojasauce
1 TL Zwiebelpulver
1 TL Knoblauchpulver
2 EL Öl oder Margarine

**Panade:**

25 g Mehl
25 g Speisestärke
75 ml veganer Drink
1 TL Senf
½ TL Salz
¼ TL Pfeffer aus der Mühle
½ TL Knoblauchpulver
50 g Panko (jap. Semmelbrösel) oder feine Semmelbrösel
2 EL Hefeflocken
1 TL Paprikapulver edelsüß

**Zum Servieren:**

Meersalz
3 EL gehackte Petersilie
vegane Mayonnaise (siehe Tipp)

**TIPP:** Passende Dip-Ideen, wie die vegane Mayonnaise, findest du auf den Seiten 124 und 125.

# FLAMMKUCHEN
## NACH ELSÄSSER ART

Genauso wie veganen Blätter- und Pizzateig findest du auch veganen Flammkuchenteig im Kühlregal vieler Supermärkte. Hier zeige ich dir, wie du den leckersten Blitz-Flammkuchen nach Elsässer Art machen kannst. Belegt wird der Flammkuchen mit einer Creme-fraîche-Alternative aus Cashewkernen, knusprigem Räuchertofu als Speck-Ersatz und Zwiebeln.

**Vorbereitungszeit:** 15 Minuten **Zubereitungszeit:** 15 Minuten **Portionen:** 2 Portionen

1. Für die Creme Cashewkerne mit kochend heißem Wasser übergießen und 10 Minuten darin einweichen. Anschließend abgießen und mit den restlichen Zutaten cremig pürieren.

2. Tofu in kleine Würfel schneiden. Öl in einer Pfanne erhitzen und darin den Tofu einige Minuten anbraten. Dann mit Sojasauce ablöschen.

3. Zwiebel schälen, halbieren und in Halbkreise schneiden.

4. Backofen auf 220 °C Ober-/Unterhitze vorheizen. Ein Backblech mit Backpapier auslegen.

5. Flammkuchenteig auf dem vorbereiteten Backblech ausbreiten. Mit der Cashewcreme bestreichen, darauf Zwiebel und Tofu verteilen.

6. Flammkuchen im Ofen 12–15 Minuten backen. Anschließend herausnehmen und kurz abkühlen lassen. Mit frischer Petersilie und etwas Pfeffer bestreut servieren.

### ZUTATEN

**Cashewcreme:**

100 g Cashewkerne
75 ml veganer Drink
2 EL Zitronensaft
1 TL Apfelessig
25 g vegane Joghurtalternative

**Belag:**

200 g Räuchertofu
1 EL Öl
3 EL Sojasauce
1 rote Zwiebel

**Zum Garnieren:**

glatte Petersilienblätter
Pfeffer aus der Mühle

**Außerdem:**

400 g veganer Flammkuchenteig (Kühlregal)

# 4 BASIC DIPS
## FÜR ALLE FÄLLE

Gute Dip-Rezepte sollte man immer auf Lager haben – hier kommen gleich vier davon! Sie lassen sich auch als Aufstrich oder als Basis für ein Sandwich verwenden. So ist's, für jede Gelegenheit gut geschmiert!

### 1 VEGANE MAYONNAISE

**Vorbereitungszeit:** 5 Min.
**Zubereitungszeit:** 5 Min.

**ZUTATEN (ERGIBT CA. 8 PORTIONEN)**

50 ml veganer Sojadrink

75 ml Rapsöl

¼ TL Kala-Namak-Salz

½ TL Senf

1 EL Apfelessig

**1.** Sämtliche Zutaten im Mixer oder mithilfe eines Stabmixers pürieren. In ein Glas füllen und kühl lagern. Die Mayonnaise hält sich 3 Tage im Kühlschrank.

**TIPP:** In einem Schraubglas im Kühlschrank gelagert halten sich die Dips bis zu fünf Tage.

## 2 PAPRIKA-CREME

**Vorbereitungszeit:** 10 Min.
**Zubereitungszeit:** 5 Min.

**ZUTATEN (ERGIBT CA. 200 G)**

1 Zwiebel

1 rote Paprikaschote

1½ EL Öl

40 g Cashewkerne

1 TL Paprikapulver edelsüß

⅓ TL Kreuzkümmelsamen

Salz & Pfeffer aus der Mühle

1. Zwiebel schälen und klein schneiden. Paprikaschote waschen und putzen, dann klein schneiden. 1 EL Öl in einer Pfanne erhitzen und klein geschnittenes Gemüse sowie Cashewkerne darin 3–4 Minuten anbraten.

2. Pfanneninhalt mit dem restlichen Olivenöl (½ EL), Paprikapulver und Kreuzkümmel cremig pürieren. Paprikacreme mit Salz und Pfeffer abschmecken. In ein Glas füllen und kühl lagern. Die Creme hält sich 1 gute Woche im Kühlschrank.

## 3 AVOCADO-TAHIN-DIP

**Vorbereitungszeit:** 10 Min.
**Zubereitungszeit:** 5 Min.

**ZUTATEN (ERGIBT CA. 350 G)**

60 g Kichererbsen (Glas)

1 Knoblauchzehe

1 Avocado

40 g Tahin (Sesammus)

2 EL Zitronensaft

2 EL Limettensaft

1 TL Olivenöl

1 Handvoll Basilikumblätter

Blätter von ½ Bund Petersilie

½ TL Kreuzkümmelsamen

Salz & Pfeffer aus der Mühle

1. Kichererbsen aus dem Glas abtropfen lassen und dabei die Flüssigkeit auffangen; benötigt werden hier 2–3 EL des Wassers (Aquafaba). Knoblauch schälen. Avocado schälen und entsteinen.

2. Beides gemeinsam mit sämtlichen weiteren Zutaten cremig pürieren, dann mit Salz und Pfeffer abschmecken. Avocado-Tahin-Dip in ein Glas füllen und kühl lagern; er hält sich im Kühlschrank 1 gute Woche.

## 4 ZAZIKI-DIP

**Vorbereitungszeit:** 15 Min.
**Zubereitungszeit:** 5 Min.

**ZUTATEN (ERGIBT CA. 350 G)**

½ Salatgurke (etwa 200 g)

1 TL Salz

2 Knoblauchzehen

1 Bund Dill

250 g vegane Skyr-Joghurt-Alternative

1 TL Apfelessig

1 EL Olivenöl

Salz & Pfeffer aus der Mühle

1. Gurke waschen und grob raspeln. Mit Salz vermischen und 10 Minuten stehen lassen. Anschließend in ein Sieb füllen und das Wasser ausdrücken.

2. Knoblauch schälen und fein reiben. Dill hacken.

3. Veganen Skyr mit Gurke, Knoblauch, Dill, Essig und Olivenöl verrühren. Alles mit Salz und Pfeffer abschmecken. Anschließend (nur wenige Stunden) kühl lagern.

# KUCHEN & Desserts

Zum krönenden Abschluss dürfen hier unkomplizierte Kuchen- und Dessertrezepte nicht fehlen. Kirschkuchen mit Streuseln oder Zimt-Schoko-Muffins lassen bestimmt auch dein Herz höherschlagen. Klassiker wie Tiramisu kommen ebenfalls nicht zu kurz. Erdnuss-Schoko-Riegel, Bananenbrot oder Apfelcrumble sind perfekt geeignet für kleine Hungerattacken am Nachmittag.

Diese Muffins mit Überraschungsfüllung schmecken warm direkt aus dem Ofen und auch vollständig abgekühlt hervorragend.

# ZIMT-SCHOKO-MUFFINS
## MIT ÜBERRASCHUNGS-CRUNCH

Muffins brauchen eine kürzere Backzeit als ein ganzer Rührkuchen – dadurch eignen sie sich auch für spontane Backaktionen. Mit der herrlichen Kombi aus Schokodrops, Zimt und knusprigem Topping kann man nichts falsch machen! Doppelter Streuselspaß garantiert, entdecke hier den besonderen Twist!

**Vorbereitungszeit:** 20 Minuten **Zubereitungszeit:** 25 Minuten **Portionen:** 14 Portionen

1. Sojadrink und Apfelessig in einem Gefäß verrühren und etwa 10 Minuten stehen lassen, damit der Drink gerinnen kann und somit einer Buttermilch ähnelt.

2. Währenddessen sämtliche Zutaten für die Streusel in einer Schüssel mit den Fingerspitzen zu einem Teig verkneten und in den Kühlschrank stellen.

3. Für den Muffinteig in einer großen Schüssel Mehl, Backpulver und Zimt, Salz, Zucker und Vanillezucker vermischen. Öl und »Buttermilch« kurz unterrühren. Schokoladendrops gleichmäßig unterheben.

4. Muffinförmchen in die Mulden einer Muffinbackform setzen. Backofen auf 180 °C Ober-/Unterhitze vorheizen. Streuselteig aus dem Kühlschrank nehmen.

5. Muffinförmchen zur Hälfte mit Teig füllen. Einige Streusel auf dem Teig zerbröseln. Dann restlichen Muffinteig darüber verteilen. Auf jeden Muffin noch etwas Streuselteig bröseln.

6. Muffins im Ofen 20–25 Minuten backen. Danach herausnehmen und kurz abkühlen lassen.

### ZUTATEN

**Muffinteig:**

250 ml Sojadrink
2 EL Apfelessig
250 g Mehl
2½ TL Backpulver
½ TL Zimtpulver
⅓ TL Salz
150 g Zucker
2 Pck. Vanillezucker
70 ml Rapsöl
80 g Zartbitter-Schokoladendrops

**Streusel:**

100 g Mehl
50 g Rohrohrzucker
60 g Margarine
1 Prise Salz
1 TL Zimtpulver

# BANANENTIRAMISU
## AUS DEM GLAS

Der beliebte Dessertklassiker serviert im Glas und in maximal 30 Minuten bereit zum Genießen! Diese »bananige« Variante des klassischen Tiramisus besteht aus einer Cashew-Bananen-Creme, Bananenscheiben und Keksbröseln. Soll ich noch mehr verraten? Einfach schnell selbst ausprobieren!

**Vorbereitungszeit:** 20 Minuten **Zubereitungszeit:** 10 Minuten **Portionen:** 4 Portionen

**1.** Für die Cashew-Bananen-Creme Cashewkerne in heißem Wasser 10 Minuten einweichen. Banane schälen und klein schneiden. Wasser der Cashewkerne abgießen und Cashewkerne mit Banane, Drink, Agavendicksaft, Kokosöl, Salz, Vanilleextrakt und Zitronensaft mit dem Stabmixer in einem hohen Rührbecher fein und cremig pürieren. Beiseitestellen.

**2.** In einer Schüssel Schlagcreme mit Puderzucker und Sahnesteif mithilfe eines elektrischen Handrührgeräts steif schlagen. Cashew-Bananen-Creme unterheben und bis zur Verwendung kühl stellen.

**3.** Bananen schälen und in Scheiben schneiden. Kekse zerbröseln und mit dem Espresso vermengen.

**4.** Böden der Dessertgläser mit einigen Bananenscheiben bedecken. Die Hälfte der Cashew-Bananen-Creme auf die Gläser verteilen. Dann eine Lage Espresso-Keksbrösel, wieder Bananenscheiben und die restliche Creme einschichten. Alles mit Kakaopulver bestäuben und bis zum Servieren im Kühlschrank lagern.

### ZUTATEN

**Cashew-Bananen-Creme:**

- 100 g Cashewkerne
- 1 reife Banane
- 80 ml veganer Drink
- 1 EL Agavendicksaft
- 15 ml Kokosöl (flüssig)
- ¼ TL Salz
- ½ TL Vanilleextrakt
- 1 EL Zitronensaft
- 100 ml vegane Schlagcreme, gekühlt
- 15 g Puderzucker
- 4 g Sahnesteif

**Außerdem:**

- 2 Bananen
- 200 g vegane Kekse
- 30 ml Espresso, abgekühlt
- Kakaopulver zum Bestäuben

**TIPP:** Schmeckt auch mit anderen Obstsorten lecker: Im Sommer spiele ich mit der Beerenernte! Und statt frischem Obst kannst du auch Kompott verwenden – das geht noch mal schneller.

# ERDNUSS-SCHOKO-RIEGEL
## MIT SALZBREZELN

Schoko, Erdnuss und Salz ist eine unschlagbare Kombination, die du genau in diesem Rezept findest (und lieben wirst!). Diese einfachen Riegel werden nicht gebacken, benötigen nur wenige Zutaten aus deinem Vorratsschrank und lassen sich schnell vorbereiten. Perfekt für jeden Anlass und zum Teilen.

**Vorbereitungszeit:** 10 Minuten **Zubereitungszeit:** 15 Minuten **Portionen:** 9 Portionen

**ZUTATEN**

100 g zarte Haferflocken

80 g Margarine (Zimmertemperatur) plus mehr für die Form

350 g Erdnussmus

150 g Puderzucker

2 TL Vanilleextrakt

300 g Zartbitterschokolade

1 Handvoll Salzbrezeln

1. Eine Backform (20 × 20 cm) leicht einfetten und mit Backpapier auslegen. Dabei das Backpapier etwas über den Rand hängen lassen. So lässt sich die Riegelmasse später besser aus der Form heben.

2. Haferflocken in einem Mixer fein mahlen. Margarine, 300 g Erdnussmus, Puderzucker und Vanilleextrakt glatt untermixen. Die Masse in der vorbereiteten Backform verteilen, obenauf glatt streichen und andrücken. Das Ganze für 10 Minuten in das Tiefkühlfach stellen.

3. Währenddessen Schokolade in Stücke brechen und mit dem restlichen Erdnussmus (50g) über einem Wasserbad schmelzen.

4. Backform aus dem Tiefkühlfach nehmen. Flüssige Schokolade über der Erdnussschicht verteilen. Salzbrezeln auf der Schokoladenschicht verteilen. Dann das Ganze bei Zimmertemperatur oder im Kühlschrank fest werden lassen.

5. Anschließend aus der Form heben und in Stücke schneiden. Danach im Kühlschrank lagern (bis zu 1 Woche, wobei die Riegel sicher schon vorher alle aufgefuttert sein werden).

**TIPP:** Die Salzbrezeln kannst du auch weglassen oder durch gehackte Erdnusskerne ersetzen.

Besonders wohltuend an stressigen Tagen: noch lauwarmer Marmorkuchen!

# MARMORKUCHEN
## MIT APFELMUS

Was ich an diesem Marmorkuchen so toll finde? Durch die Kombination aus Vanille- und Schokoteig ist das Ergebnis alles andere als langweilig, obwohl er ganz schnell gebacken ist. Das Apfelmus bindet die Teigmasse und macht den Kuchen auch besonders saftig.

**Vorbereitungszeit:** 15 Minuten **Zubereitungszeit:** 50 Minuten **Portionen:** 10 Portionen

**ZUTATEN**

125 g Margarine, plus mehr für die Form
150 g Apfelmus
1 EL Apfelessig
100 ml Soja- oder Haferdrink, plus 2 EL mehr
300 g Mehl
120 g Zucker
1 Pck. Vanillezucker
2 TL Backpulver
⅓ TL Salz
1 EL Backkakaopulver

1. Backofen auf 180 °C Ober-/Unterhitze vorheizen. Eine Kastenform (20 cm) leicht einfetten. Margarine schmelzen lassen.

2. In einer großen Schüssel Margarine, Apfelmus, Apfelessig und 100 ml Drink verrühren. Mehl, Zucker, Vanillezucker, Backpulver und Salz hinzufügen und kurz glatt verrühren.

3. Etwa zwei Drittel der Masse in die Backform gießen. Den restlichen Teig mit Kakaopulver und 2 EL Drink verrühren. Diese Teigmasse auf der hellen verteilen. Mithilfe einer Gabel spiralförmig durch den Teig ziehen, sodass ein Marmormuster entsteht.

4. Den Kuchen im Ofen 30–35 Minuten backen. Dann mit Alufolie abdecken, damit der Kuchen nicht zu dunkel wird, und weitere 20–25 Minuten backen. Zur Garprobe einen Holzspieß oder ein Messer mittig hineinstechen. Wenn keine Teigreste mehr daran kleben bleiben beim Herausziehen, ist der Kuchen durchgebacken.

5. Ofen ausschalten und den Kuchen weitere 10 Minuten bei leicht geöffneter Ofentür stehen lassen. Dann herausnehmen und vollständig abkühlen lassen.

# ERDNUSSBUTTERKEKSE
## MIT SOFTEM KERN

Diese Erdnussbutterkekse backe ich regelmäßig, weil sie allen so gut schmecken. Ob als kleiner Nachtisch am Nachmittag, wenn sich Besuch ankündigt, oder zum Verschenken. Auch du kannst sie ganz ohne großen Aufwand backen! Sie sind von innen weich und saftig und außen knusprig – der perfekte Erdnusskeks.

**Vorbereitungszeit:** 15 Minuten **Zubereitungszeit:** 10 Minuten **Portionen:** 22 Portionen

**1.** Erdnussmus und Zucker mithilfe eines elektrischen Handrührgeräts cremig verrühren. Drink und Vanilleextrakt einrühren. Dann Mehl, Backpulver und Salz hinzufügen und alles mit den Händen zu einem Teig verarbeiten. Nach Belieben gehackte Erdnusskerne untermischen.

**2.** Backofen auf 180 °C Ober-/Unterhitze vorheizen. Ein Backblech mit Backpapier auslegen.

**3.** Pro Keks etwa 1 gehäuften EL Teig mit den Händen zu einer Kugel formen, diese nur leicht flach drücken. Kugeln jeweils mit etwas Abstand auf dem Backblech verteilen. Abschließend alle Kekse mithilfe einer Gabel kreuzweise flach drücken.

**4.** Im Ofen die Kekse in 10–13 Minuten goldgelb backen. Je nach Ofenleistung kann die Backzeit unterschiedlich sein, also besser nach 8 Minuten die Kekse gut im Blick behalten. Sie sollten auf leichten Druck noch etwas verformbar sein, aber nicht auseinanderbröseln.

**5.** Herausnehmen und vorsichtig auf ein Kuchengitter heben, vor dem Verzehr vollständig abkühlen lassen (sie werden dabei noch ein bisschen stabiler).

### ZUTATEN

250 g Erdnussmus
150 g Rohrohrzucker
80 ml veganer Drink
1 TL Vanilleextrakt
125 g Mehl
1 TL Backpulver
⅓ TL Salz
gehackte Erdnusskerne (optional)

**TIPP:** Dieses Rezept funktioniert zum Beispiel auch mit Mandel- oder Cashewmus.

# BECHERKUCHEN:
## CHOCOLATE-CHUNK-BANANENBROT

Hier kommt die schnelle Variante zum Bananenbrot-Klassiker für Zwischendurch. Perfekt, wenn der kleine Kuchenhunger – oder unerwarteter Besuch – kommt. Der Kuchen aus der Tasse schmeckt fluffig, natürlich süß durch die reifen Bananen und herrlich aromatisch dank Zimt und geschmolzener Schokolade.

**Vorbereitungszeit:** 10 Minuten **Zubereitungszeit:** 5 Minuten **Portionen:** 1 Portion

**ZUTATEN**

1 kleine reife Banane

1 EL Margarine, plus mehr für die Tasse

50 g Mehl

1 EL Zucker

¼ TL Backpulver

⅓ TL Zimtpulver

40 ml veganer Drink

1 TL Vanilleextrakt

40 g Zartbitter-Schokodrops

**1.** Einen mikrowellengeeigneten Becher (etwa 250 ml Fassungsvermögen) oder eine hohe Schüssel leicht mit Margarine einfetten. Banane mit einer Gabel fein zerdrücken. Margarine schmelzen.

**2.** Mehl, Zucker, Backpulver und Zimt in einer Schüssel vermischen. Banane, Margarine, Drink und Vanilleextrakt nur kurz unterrühren. Schokoladendrops unterheben und den Teig in den Becher füllen.

**3.** Becher in die Mikrowelle stellen, den Kuchen bei 800 Watt 60–90 Sekunden backen. Am besten in 30-Sekunden-Intervallen arbeiten, damit der Teig nicht überquillt.

**4.** Becher aus der Mikrowelle nehmen und Kuchen kurz abkühlen lassen. Er lässt sich dann einfach herauslöffeln.

**TIPP:** Funktioniert auch im Backofen bei 180 °C etwa 12 Minuten. Das Vanilleextrakt kannst du auch durch ½ Pck. Vanillezucker ersetzen, das Ganze wird dann noch etwas süßer.

# KIRSCHKUCHEN
## MIT STREUSELN

Als ich mal bei meinen Eltern zum Grillen eingeladen war, hatte meine Mutter einen supersaftigen Kirschkuchen mit knusprigen Streuseln als Dessert vorbereitet – »ganz einfach und schnell gemacht«. So ist die Idee für dieses Rezept entstanden. Dieser Kuchen ist innerhalb von 15 Minuten bereit für den Ofen!

**Vorbereitungszeit:** 15 Minuten **Zubereitungszeit:** 45 Minuten **Portionen:** 6 Portionen

1. Backofen auf 180 °C Ober-/Unterhitze vorheizen. Eine Springform (Durchmesser 20 cm) leicht einfetten und den Boden mit Backpapier auslegen.

2. Sämtliche Zutaten für den Mürbeteig in einer großen Schüssel mit den Händen zügig zu einem Teig verkneten. Den Teig auf einer nur leicht bemehlten Arbeitsfläche (oder auf Silikonbackmatten) ausrollen, dann gleichmäßig in die Backform drücken. Dabei einen hohen Rand formen. Form in den Kühlschrank stellen.

3. Für die Füllung Sauerkirschen abgießen und den Saft dabei auffangen; es werden 250 ml benötigt. In einer kleinen Schüssel Puddingpulver, Zucker und 6 EL Kirschsaft glatt rühren. Restlichen Kirschsaft in einem Topf aufkochen. Angerührtes Puddingpulver mit einem Schneebesen einrühren. Bei mittlerer Hitze alles gemeinsam kurz aufkochen lassen. Vom Herd nehmen, Kirschen unterheben und 5 Minuten andicken lassen.

4. Sämtliche Zutaten für die Streusel zügig zwischen den Fingerspitzen verkneten. Form aus dem Kühlschrank nehmen. Kirschen auf dem Kuchenboden verteilen. Dann den Streuselteig über den Kuchen bröseln.

5. Den Kuchen im Ofen 45 Minuten backen. Anschließend die Temperatur ausschalten und den Kuchen bei leicht geöffneter Ofentür weitere 5 Minuten stehen lassen. Danach herausnehmen und vollständig auskühlen lassen.

### ZUTATEN

**Mürbeteig:**

120 g Margarine, gekühlt, plus mehr für die Form

225 g Mehl

125 g Zucker

1 TL Backpulver

¼ TL Salz

½ TL abgeriebene Bio-Orangenschale (optional)

1 Pck. Vanillezucker

2 EL veganer Drink

**Kirsch-Füllung:**

1 Glas (680 g) Sauerkirschen (Abtropfgewicht 350 g)

1 Pck. Vanillepuddingpulver

30 g Zucker

**Streusel:**

50 g Mehl

25 g Rohrohrzucker

¼ TL Salz

½ TL abgeriebene Bio-Orangenschale (optional)

40 g Margarine, gekühlt

# BLÄTTERTEIG-ZIMTKNOTEN
## MIT DATTELKARAMELL

Ich liebe Zimtschnecken. Aber nicht immer habe ich Lust, lange in der Küche zu stehen, Hefeteig anzusetzen und mich einige Stunden zu gedulden.
Wenn es also mal schnell gehen soll, greife ich gerne zu Blätterteig. Besonders toll schmecken diese Zimtknoten mit einem selbst gemachten Dattelkaramell.

**Vorbereitungszeit:** 15 Minuten **Zubereitungszeit:** 15 Minuten **Portionen:** 12 Portionen

1. Margarine in der Mikrowelle oder in einem Topf schmelzen. In einer kleinen Schüssel Zucker, Rohrohrzucker und Zimt vermischen. Blätterteig ausrollen.

2. Backofen auf 200 °C Ober-/Unterhitze vorheizen. Ein Backblech mit Backpapier auslegen.

3. Blätterteig ausbreiten und mit Margarine bestreichen. Dabei etwas von der Margarine aufheben. Zucker-Zimt-Mischung darüber verteilen.

4. Blätterteig mittig übereinanderklappen. Mithilfe eines scharfen Messers oder Pizzaschneiders in dünne Streifen schneiden.
Die Streifen spiralförmig ausrollen und das Ende von unten in die Mitte stecken.

5. Die Knoten auf dem Backblech verteilen und mit der restlichen Margarine bestreichen, mit etwas Rohrohrzucker bestreuen.

6. Im Ofen in 15–20 Minuten goldgelb backen.

7. Währenddessen sämtliche Zutaten für das Dattelkaramell mit dem Stabmixer in einem hohen Rührbecher fein pürieren.

8. Zimtknoten aus dem Ofen nehmen und noch warm mit dem Dattelkaramell zum Dippen (oder damit beträufelt) servieren.

### ZUTATEN

**Blätterteig-Zimtknoten:**

40 g Margarine

2 EL Zucker

2 EL Rohrohrzucker, plus mehr zum Bestreuen

2 TL Zimtpulver

275 g veganer Blätterteig (Kühlregal)

**Dattelkaramell:**

100 g Datteln, entsteint

100 ml veganer Drink

1 Pck. Vanillezucker

1 Prise Salz

1 EL Mandelmus (optional)

# KOKOSMAKRONEN
## MIT SCHOKOLADE

Hast du die Flüssigkeit aus dem Glas mit Kichererbsen bisher immer weggeschüttet? Dann solltest du sie das nächste Mal auffangen und weiterverwerten. Dieses Kichererbsenwasser (Aquafaba) ist ein super Eiweißersatz. Du kannst es steif aufschlagen wie hier für diese luftigen Kokosmakronen. Glaube mir: Du wirst sie lieben!

**Vorbereitungszeit:** 15 Minuten **Zubereitungszeit:** 30 Minuten **Portionen:** 25 Stück

**1.** Kichererbsenwasser und Apfelessig in einer ganz sauberen Edelstahl-Rührschüssel mithilfe eines elektrischen Rührgeräts auf höchster Stufe in etwa 5 Minuten steif schlagen. Vanillezucker und Zucker in einer weiteren Schüssel vermischen, dann langsam unter weiterem Schlagen einrieseln lassen, bis die Masse zäher wird. Langsam die Kokosraspel unterheben.

**2.** Backofen auf 170°C Ober-/Unterhitze vorheizen und ein Backblech mit Backpapier auslegen.

**3.** Mithilfe eines Esslöffels kleine Häufchen Kokosmasse auf das Backblech setzen. Im vorgeheizten Ofen 15–20 Minuten backen. Herausnehmen und abkühlen lassen.

**4.** Nach der Hälfte der Backzeit Zartbitterschokolade in Stücke brechen und mit Kokosöl über einem Wasserbad schmelzen. Kokosmakronen in die Schokolade dippen und mit der Schokoseite nach unten auf einem Kuchengitter trocknen lassen. Restliche Schokolade über die Kokosmakronen träufeln. Anschließend bei Zimmertemperatur oder im Kühlschrank fest werden lassen.

### ZUTATEN

120 ml Kichererbsenwasser
1 TL Apfelessig
1 Pck. Vanillezucker
100 g Zucker
250 g Kokosraspel
120 g Zartbitterschokolade
½ TL Kokosöl

# APFEL-ZIMT-CRUMBLE
## MIT HAFERSTREUSELN

Ich verrate dir, warum ich so ein Fan dieser Kombi bin: Die saftige Füllung aus Äpfeln, verfeinert mit Zimt und Vanille, und knusprig mürbe darüber die genialen Streusel, besser geht es nicht! Ein schnelles Dessert, das du, je nach Saison, auch mit anderen Obstsorten zubereiten kannst.

**Vorbereitungszeit:** 10 Minuten **Zubereitungszeit:** 20 Minuten **Portionen:** 2 Portionen

1. Äpfel schälen, vom Kerngehäuse befreien und klein schneiden. In einer Schüssel mit Zucker, Zitronensaft, Vanillezucker und Zimt vermengen.

2. Haferflocken, falls verwendet, im Mixer fein mahlen. In einer zweiten Schüssel mit Mehl, Zucker, Salz und Margarine mit den Fingerspitzen zu Streuseln verkneten.

3. Backofen auf 200 °C Ober-/Unterhitze vorheizen. Äpfel in eine ofenfeste Form schichten und den Streuselteig darüber zerbröseln.

4. Crumble im Ofen etwa 20 Minuten backen, bis die Streusel schön goldbraun werden. Anschließend die Form herausholen und alles kurz abkühlen lassen.

5. Vor dem Servieren noch mit Puderzucker bestäuben.

### ZUTATEN

2 kleine Äpfel (ca. 350 g)
1 TL Rohrohrzucker
1 EL Zitronensaft
1 Pck. Vanillezucker
⅓ TL Zimtpulver

**Streusel:**

50 g zarte Haferflocken (oder Mehl)
40 g Mehl
1 EL Rohrohrzucker
1 Prise Salz
50 g Margarine, gekühlt
Puderzucker (zum Bestäuben)

**TIPP:** Doch, es geht noch besser: Den Crumble noch warm mit je 1 Kugel veganem Vanilleeis servieren.

# Register

## ZU DER AUTORIN

Anja Romaniszyn bloggt mit byanjushka.com zu den Themen Selbstliebe, ihren Weg aus der Essstörung und über veganes Essen. Ihr Instagram-Account zählt 155.000 Follower, sie gehört zu den einflussreichsten veganen Food-Bloggerinnen Deutschlands. Byanjushka basiert auf Anjas polnischem Spitznamen Anjushka. Auf ihre polnischen Wurzeln führt Anja auch ihre Leidenschaft für das Kochen und Backen zurück, dies war seit jeher ein großer Teil ihrer Familie.

### Weitere Bücher der Autorin:

→ Einfach Glücklich Vegan

## FOOD-FOTOS

Im Buch enthaltene Fotos können zur eigenen Nutzung erworben werden unter *www.stockfood.de*

## IMPRESSUM

**Hinter jedem tollen Buch steckt ein starkes Team**

Projektleitung: *Stephan Strauß*
Texte: *Anja Romaniszyn & Almuth Fischer*
Rezepte: *Anja Romaniszyn*
Lektorat: *Annika Genning*
Covergestaltung: *31Media GmbH, Bianca Domula*
Grafische Gestaltung und Satz: *31Media GmbH, Stephanie Willing*
Fotografie: *31Media, Ben Fuchs*
Peoplefotografie: *Cindy Therese*
Foodstyling: *Anja Romaniszyn*
Herstellung: *Frank Jansen*
Producing: *Jan Russok*
Druck & Bindung: *Grafotisak, BiH-Grude*



3. Auflage 2024

Kaiserstraße 14 b
D-80801 München
ISBN: 978-3-96584-287-8

## LIEBE LESERINNEN, LIEBE LESER,

wie schön, dass Sie ein Buch von ZS in den Händen halten. »jetzt leben!« ist das Motto unseres Verlages. Es steht für Genuss und Inspiration, Unterstützung und Motivation. Ob Kulinarik oder Fitness, Gesundheit oder Lebenshilfe – seit über 30 Jahren bieten wir kompetente Ratgeber für (fast) alle Lebenslagen. Wir lieben Tradition genauso wie Innovation – sie treiben uns an. Unsere Autorinnen und Autoren sind Menschen, die zu ihrem Thema wirklich etwas zu sagen und zu schreiben haben. Unsere Produkte sind erzählerisch, appetitmachend und als gedruckte Bücher haptisch echte Erlebnisse. Für Sie mit ganz viel Liebe gemacht! Entdecken Sie mehr aus unserer wunderbaren Welt!

## UNSER VERLAGSHAUS

Mit Standorten in Hamburg und München zählt die Edel Verlagsgruppe zu den größten unabhängigen Buchanbietern Deutschlands. Zur Edel Verlagsgruppe gehört unter anderem ZS mit seinen Lizenzmarken Dr. Oetker Verlag, Kochen & Genießen und Phaidon by ZS.

**ZS - Ein Verlag der Edel Verlagsgruppe**
**www.zsverlag.de**
**www.facebook.com/zsverlag**
**www.instagram.com/zsverlag**

## FÜR DIE UMWELT

ZS unterstützt bei der Produktion dieses Buches das Projekt »Junge Riesen für die nächsten 100 Jahre« im Naturpark Nossentiner/Schwinzer Heide. Damit wird ein Anteil der unvermeidbaren $CO_2$-Emissionen im direkten Umfeld des Produktionsstandortes kompensiert.

PARTNER
Naturpark Nossentiner/Schwinzer Heide
www.optimal-media.com/naturschutzprojekt-001

## NEWSLETTER

Was koche ich heute Feines? Und wie geht das – schmackhaft und gesund?

Melden Sie sich jetzt zum ZS-Genuss-Service an und verpassen Sie keine kulinarischen und gesundheitlichen Trends mehr.
Wir informieren Sie regelmäßig über unsere Neuerscheinungen, Aktionen oder Gewinnspiele und verraten Ihnen unsere Lieblingsrezepte!

GEWINNEN

Unter allen Neuabonnierenden verlosen wir jeden Monat eine *ZS-Genuss-Box* im Wert von 75,00 €.

Jetzt anmelden unter:
***www.zsverlag.de/newsletter***
oder den QR Code scannen:

ANMELDEN!